더욱 새로워진 단계별 종합 일본어 학습 프로그램

일본어

STEP 3

더욱 새로워진 단계별 종합 일본어 학습 프로그램
NEW 우키우키 일본어 STEP 3

지은이 강경자
감수자 온즈카 치요(恩塚千代)
펴낸이 임상진
펴낸곳 (주)넥서스

초판 1쇄 발행 2005년 12월 25일
초판 10쇄 발행 2016년 1월 15일

2판 1쇄 발행 2016년 3월 25일
2판 6쇄 발행 2025년 3월 28일

3판 1쇄 인쇄 2025년 6월 10일
3판 1쇄 발행 2025년 6월 20일

출판신고 1992년 4월 3일 제311-2002-2호
주소 10880 경기도 파주시 지목로 5
전화 (02)330-5500 팩스 (02)330-5555

ISBN 979-11-94643-37-1 14730
(SET) 979-11-94643-34-0 14730

출판사의 허락 없이 내용의 일부를
인용하거나 발췌하는 것을 금합니다.
저자와의 협의에 따라서 인지는 붙이지 않습니다.

가격은 뒤표지에 있습니다.
잘못 만들어진 책은 구입처에서 바꾸어 드립니다.

www.nexusbook.com

더욱 새로워진 단계별 종합 일본어 학습 프로그램

NEW うきうき
우 키 우 키

일본어 STEP 3

강경자 지음·온즈카 치요 감수

넥서스 JAPANESE

첫머리에

어떻게 하면 쉽고 재미있게 일본어를 배울 수 있을까? 어떻게 하면 어디서든 인정받을 만한 완벽한 일본어 실력을 갖출 수 있을까? 현재 일본어를 배우고 있는 학습자나 앞으로 배우고자 하는 사람들에겐 영원한 숙제와도 같은 질문일 것입니다.

필자는 온·오프라인을 통해 오랫동안 일본어를 가르쳐 오면서 역시 이와 비슷한 의문을 가지고 있었습니다. 어떻게 하면 쉽고 재미있게 일본어를 가르쳐줄 수 있을까? 문법을 기초부터 탄탄하게 다져주면서 네이티브 같은 회화 감각을 길러주고, 게다가 어떤 표현도 자신있게 말할 수 있는 풍부한 어휘와 한자 실력까지 갖추도록 도와주고 싶은 마음이 간절하였습니다.

요즘은 예전에 비해서 좋은 교재들이 많이 출간되었고 여러 학원이나 학교에서 검증된 교재를 채택하여 사용하고 있지만, 막상 일본어를 학습하거나 가르치기 위해 좋은 책을 추천해 달라는 부탁을 받으면 고민하게 되는 것이 사실입니다. 왜냐하면 나름대로의 장점을 가지고 있는 일본어 교재는 많이 있지만, 완벽하게 일본어 학습상의 필요를 충족시켜 주는 체계적인 교재는 별로 없기 때문입니다.

일본어는 한국어와 여러 면에서 비슷한 언어 특성상 다른 언어에 비해 보다 쉽게 배울 수 있음에도, 효과적으로 일본어를 배우거나 가르칠 수 있는 교재는 많지 않았습니다. 예를 들어 회화는 연습이 중요한데, 간단한 문형 연습이 있는 교재는 많아도 기초 문법을 활용하여 실제 회화 연습을 할 수 있는 교재는 거의 없었습니다. 또한 일본어 학습자들이 가장 어려워하는 한자의 경우, 한자를 차근차근 익힐 수 있도록 한 교재는 참 드물었습니다. 더구나 요즘에는 쉽고 편한 길을 좋아하는 사람들의 심리를 이용하여 몇 마디 표현만 그때그때 익히도록 하는 흥미 위주의 교재도 눈에 많이 띄었습니다.

이러한 현실 속에서 조금이나마 일본어 학습과 교육에 도움이 되고자 하는 바람에서 이 책을 쓰게 되었습니다. 교재가 완성되어 가는 과정을 보면서 역시 부족한 점이 눈에 띄고 아쉬움이 많이 남지만, 기초 문법을 탄탄히 다지면서 실전 회화 감각을 익힐 수 있는 학습자들을 배려한 최고의 교재임을 자부합니다.

아무쪼록 이 교재가 일본어를 가르치거나 배우는 모든 분들에게 참으로 유익한 책이 되길 간절히 바라며, 끝으로 이 책이 출판되기까지 애써 주신 넥서스저패니즈의 여러 관계자 분들께 감사드립니다.

강경자

추천의 글

본 『우키우키 일본어』 시리즈는 주로 일본어 학원에서 쓰일 것을 염두에 두고 만들어졌으며, 등장인물은 회사원으로 설정되어 있다. 따라서, 각 과의 회화문은 대학 수업용으로 만들어진 교과서에 자주 나오는 학생과 학교 활동이 중심이 된 회화가 아닌, 일반적이고 보편적인 내용으로 구성되어 있다. 그래서 회사원은 물론이고 학생, 주부에 이르기까지 일본어를 처음 배우는 사람이 실제로 쓸 수 있는 표현을 단시간에 몸에 익힐 수 있도록 되어 있다.

본 교재는 기본적으로는 문형과 표현을 중심으로 명사문, 형용사문(い형용사·な형용사), 동사문과 기초 문법에 따라 차례대로 학습해 가도록 구성되어 있고, 각 과별로 다양한 장면을 설정한 연습문제와 FUN&TALK라는 자유로운 형식의 회화 연습문제도 있다. 즉, 일방적인 전달식 강의용 교재가 아니라 적극적으로 회화에 참가할 수 있도록 배려하여 강사의 교재 활용에 따라 수업 활동을 더욱 활발하게 전개시킬 수 있을 것이다.

또한, 본 교재의 특징으로 회화 안에서 사용되고 있는 어휘가 실제로 일본에서 쓰이고 있는 일상용어라는 점에 주목하고 싶다. 원래 교과서에서는 '휴대전화(携帯電話)'나 '스마트폰(スマートフォン)'과 같은 생략되지 않은 사전 표제어 같은 형태가 제시되는 것이 기본이지만, 본 교재는 학습자가 일본인이 실제로 회화에서 쓰는 말을 알고 싶어하는 요구를 반영하여 'ケータイ', 'スマホ'와 같은 준말 형태의 외래어(가타카나어)를 제시하였다.

이 교재만의 두드러지는 특징 가운데 또 하나는 일본어 초급 교재에서는 잘 볼 수 없는 한자와 외래어(가타카나어) 쓰기 연습이 제공되고 있다는 점이다. 한국어를 모국어로 하는 학습자는 비교적 일본어 학습 능력이 뛰어나다고 할 수 있으나 한자나 가타카나 표기가 서투르거나 잘 모르는 경우가 많다. 수업 중에 짬짬이 이러한 표기법이나 한자의 의미 등을 접할 기회를 고려하고 있는 점이 본 교재의 새롭고 뛰어난 점이라고 말할 수 있을 것이다.

덧붙여, 각 과마다 재미있는 삽화를 넣어 학습자가 학습 내용을 보다 쉽게 이해하고, 학습 의욕을 불러일으킬 수 있도록 하였다.

이처럼 다양한 학습상의 배려가 돋보이는 교재라는 점을 고려하여 많은 학원과 학교에서 쓰이기를 권한다.

恩塚 千代

구성과 특징

Dialogue

일상생활에서 흔히 접할 수 있는 주제를 중심으로 한 실제 회화로 이루어져 있습니다. 이 본문 회화에는 우리가 반드시 알아야 할 기초 문법과 어휘가 들어 있어서 자연스럽게 어휘, 문법, 회화를 동시에 익힐 수 있습니다. 무엇보다 처음 접하는 본문의 어려움을 최소화하기 위해서 본문 내용을 만화로 보여줌으로써 보다 재미있고 쉽게 공부할 수 있도록 배려하였습니다.

Grammar

문법과 문형 파트에선 Dialogue에 나온 기초 문법을 보다 더 체계적이고 꼼꼼하게 학습할 수 있도록 예문을 제시하되 중요 문법인 경우 각 품사별 문형을 보여줌으로써 정확한 문법의 이해를 돕고 있습니다. 새로운 단어의 경우 어휘 풀이를 넣어 스스로 예문을 해석할 수 있도록 하였습니다.

Let's Talk

이 교재의 가장 큰 특징 중의 하나는 본문과 문법 파트를 통해 익힌 문법과 회화 감각을 최대한 길러 주는 회화 연습이 풍부하다는 것입니다. 대부분의 일본어 기초 교재가 단순한 문형 연습에 그친 것에 반해 이 책의 회화 연습 코너는 쉽고 재미있는 문제를 풍부하게 제공하고 있어 단시간에 문법과 회화를 자신의 것으로 만들 수 있는 장점이 있습니다. 또한 연습 문제를 청취 연습으로도 활용할 수 있게 함으로써 소홀해지기 쉬운 청취 부분을 더욱 강화하였습니다. 이를 통해 말하고 듣는 훈련 과정을 최대한 쉽게 소화해 낼 수 있도록 하였습니다.

Exercise

각 과마다 작문 문제를 5개씩 담았습니다. 각 과에서 학습한 주요 문법을 활용하여 기초적인 표현을 다시 짚어 봄으로써 읽고 말하고 듣고 쓸 수 있는 능력을 기를 수 있도록 하였습니다.

일본어 한자의 음독·훈독을 확인하고 쓰기 연습을 함으로써, 한자에 대한 기초 실력을 처음부터 탄탄히 쌓아갈 수 있도록 하였습니다. 난이도는 일본어능력시험 N3~N4 정도의 수준을 기준으로 하여 시험에도 자주 출제되는 중요하고 기초적인 한자입니다.

외래어 역시 최근에 들어서는 그 중요성이 더욱 강조되고 있는 만큼 1과~9과까지는 3개씩, 10과~18과까지는 2개씩 수록하여 외래어를 확실하게 익힐 수 있습니다.

Fun & Talk

마지막 파트에는 게임처럼 즐기며 자유롭게 회화를 할 수 있는 코너입니다. 이는 일반적으로 한인 회화 연습 시간에 사용되는 게임식 회화 자료로서, 기초 문법과 회화 연습을 마친 학습자의 경우 충분히 활용해 볼 수 있는 코너입니다. 이 코너를 통해 상황에 맞는 유창한 일본어 회화 실력을 재미있게 키워 나갈 수 있을 것입니다.

Workbook

각 Lesson에서 배운 단어, 문법, 회화 표현을 확인할 수 있도록 워크북을 별책으로 제공합니다. 문제를 풀면서 실력을 확인해 보세요.

차례

LESSON 01 ちょっとスマホを借りてもいいですか。 잠깐 스마트폰을 빌려도 될까요? 10
～てもいいです | ～てはいけません / ～てはだめです

LESSON 02 キャンプに行ったりドライブしたりします。 캠핑을 가거나 드라이브를 하거나 합니다. 20
～たり…たりする | 각 품사의 과거형

LESSON 03 土曜日にも残業をしなければなりません。 토요일에도 잔업을 해야 합니다. 30
～なければならない | ～なくてもいい | ～のに

LESSON 04 まっすぐ行くと消防署があります。 곧장 가면 소방서가 있어요. 40
～ば | ～と | ～ので

LESSON 05 早く病院に行ったらどうですか。 빨리 병원에 가는 게 어때요? 50
～なら | ～たら | ～たらどうですか

LESSON 06 山田さんはいつまで韓国にいる予定ですか。 야마다 씨는 언제까지 한국에 있을 예정입니까? 60
～つもりだ / ～予定だ / ～と思っている | 동사의 의지형 | 목적 표현

LESSON 07 今にも雨が降り出しそうですね。 금방이라도 비가 내릴 것 같네요. 70
～そうだ(전문) | ～そうだ(양태, 추측) | 복합어 : 동사의 ます형 + 접미어 | ～(ない)ように

LESSON 08 山田さんはたぶん長生きするでしょう。 야마다 씨는 아마 오래 살 거예요. 80
～かもしれない / ～かもしれません | ～だろう / ～でしょう | ～はずだ / ～はずがない

해석 및 정답 94

더욱 새로워진 단계별 종합 일본어 학습 프로그램

NEW うきうき
우 키 우 키

일본어

LESSON 01 ちょっとスマホを借りてもいいですか。

잠깐 스마트폰을 빌려도 될까요?

표현 익히기　허가 표현 ～てもいいです / 금지 표현 ～てはいけません, ～てはだめです

💬 Dialogue

🎧 MP3 01-1

姜：山田さん、ちょっとスマホを借りてもいいですか。

山田：はい、どうぞ。姜さんのスマホはどうしましたか。

姜：実はこの前、飲み屋でお酒を飲んで…。

山田：どこかに落してしまったんですね。

姜：はい、紛失しちゃいました。どうせとても古くて最新型のスマホがほしいんですが、かなり高いですね。

山田：そうですね。ちょっと安いスマホはどうですか。

姜：いいえ、高くてもいいですから、スマホは性能がいいのがほしいです。いろんなアプリやAIを使うためにも。

山田：やれやれ。またAIの話ですか。

강한척: 야마다 씨, 잠깐 스마트폰을 빌려도 될까요?
야마다: 네, 여기요. 한척 씨 스마트폰은 어떻게 하셨나요?
강한척: 실은 요전에 술집에서 술을 마시고서…….
야마다: 어딘가에서 잃어버린 거군요.
강한척: 네, 분실해 버렸어요.
어짜피 아주 오래된 거라 최신 스마트폰을 사고 싶은데 꽤 비싸네요.
야마다: 그러게요. 좀 저렴한 스마트폰은 어때요?
강한척: 아뇨, 비싸도 좋으니까 스마트폰은 성능이 좋은 것을 갖고 싶어요. 여러 가지 어플이랑 AI를 사용하기 위해서라도요.
야마다: 이런. 또 AI 이야기인가요.

🔍 단어

スマホ 스마트폰(スマートフォン의 준말) | 借(か)りる 빌리다 | ～てもいい ～해도 좋다 | どう 어떻게 | 実(じつ)は 실은 | この前(まえ) 요전에 | 飲(の)み屋(や) 술집 | お酒(さけ)を飲(の)む 술을 마시다 | どこかに 어딘가에 | 落(お)す 떨어뜨리다, 잃어버리다 | ～てしまう ～해 버리다 | 紛失(ふんしつ) 분실 | どうせ 어짜피 | 古(ふる)い 낡다, 오래되다 | 最新型(さいしんがた) 최신형 | ほしい 갖고 싶다 | かなり 꽤, 상당히 | 高(たか)い 비싸다 | 安(やす)い 싸다 | 性能(せいのう) 성능 | いろんな 여러 가지 | アプリ 어플 | ～や ～이랑 | 使(つか)う 사용하다 | ために 위해서 | やれやれ 이런, 맙소사 | また 또 | 話(はなし) 이야기

GRAMMAR

1 ～てもいいです ～해도 좋습니다〈허가〉

❶ 동사

インターネットで申(もう)し込(こ)んでもいいです。

予約(よやく)をキャンセルしてもいいです。

❷ い형용사

サイズは小(ちい)さくてもいいです。

部屋(へや)は狭(せま)くてもいいです。

❸ な형용사

交通(こうつう)は少(すこ)し不便(ふべん)でもいいです。

料理(りょうり)は下手(へた)でもいいです。

❹ 명사

安(やす)い物(もの)でもいいです。

中古車(ちゅうこしゃ)でもいいです。

❺ 의문사

何(なん)でもいいです。

いつでもいいです。

だれでもいいです。

단어

インターネット 인터넷 | 申(もう)し込(こ)む 신청하다 | 予約(よやく) 예약 | キャンセルする 취소하다 | サイズ 사이즈 | 狭(せま)い 좁다 | 交通(こうつう) 교통 | 少(すこ)し 좀, 조금 | 不便(ふべん)だ 불편하다 | 中古車(ちゅうこしゃ) 중고차

2 ～てはいけません / ～てはだめです
～해서는 안 됩니다 〈금지〉

❶ 동사
危ない所に行ってはいけません。(= てはだめです)

うそをついてはいけません。(= てはだめです)

❷ い형용사
値段は高くてはいけません。(= てはだめです)

駅が遠くてはいけません。(= てはだめです)

❸ な형용사
交通が不便ではいけません。(= ではだめです)

日本語が下手ではいけません。(= ではだめです)

❹ 명사
古いモデルではいけません。(= ではだめです)

この成績ではいけません。(= ではだめです)

危(あぶ)ない 위험하다 | 所(ところ) 곳, 장소 | うそをつく 거짓말을 하다 | 値段(ねだん) 가격 | 駅(えき) 역 | 遠(とお)い 멀다 | モデル 모델 | 成績(せいせき) 성적

LET'S TALK

I 다음 보기와 같이 연습해 보세요.　　　　　　　　　　🎧 MP3 01-2

> |보기|
> A: ここでタバコを吸ってもいいですか。
> B: いいえ、タバコを吸ってはいけません。

1　教室でお酒を飲む

2　2〜3日会社を休む

3　全部食べる

4　ここで写真を撮る

5　授業中、韓国語で話す

🔍 단어

タバコを吸(す)う 담배를 피우다 ｜ 教室(きょうしつ) 교실 ｜ お酒(さけ)を飲(の)む 술을 마시다 ｜ 休(やす)む 쉬다 ｜ 全部(ぜんぶ) 전부 ｜
写真(しゃしん)を撮(と)る 사진을 찍다 ｜ 授業中(じゅぎょうちゅう) 수업 중

Ⅱ 다음 보기와 같이 연습해 보세요.

| 보기 |
A: 写真を見てもいいですか。
B: はい、いいですよ。／
いいえ、いけません。

1 遊びに行く

2 ドアを開ける

3 デザインが古い

4 日本語が下手だ

5 安いプレゼント

🔍 **단어**

遊(あそ)ぶ 놀다 | ドア 문 | 開(あ)ける 열다 | デザイン 디자인 | 古(ふる)い 낡다, 오래되다 | プレゼント 선물

EXERCISE

다음 빈칸에 알맞은 말을 넣어 보세요.

① 언제든지 놀러 와도 좋습니다.

　　いつでも _____

② 무엇이든 사용해도 됩니다.

　　何(なん)でも _____

③ 결석하면 안 됩니다.

　　欠席(けっせき) _____

④ 술을 마시고 운전해서는 안 됩니다.

　　お酒(さけ)を _____

⑤ 돈이 없어도 됩니다.

　　お金(かね)が _____

단어

何(なん)でも 무엇이든 | 使(つか)う 사용하다 | 欠席(けっせき) 결석 | 運転(うんてん) 운전 | ない 없다

한자 연습

高 높을 고
- 음독: こう
- 훈독: 高(たか)い
- 筆順: 丶 亠 亡 古 产 高 高 高 高

| 高 | 高 | 高 | 高 | 高 | 高 |

休 쉴 휴
- 음독: きゅう
- 훈독: 休(やす)む
- 筆順: ノ イ 仁 什 休 休

| 休 | 休 | 休 | 休 | 休 | 休 |

高速 고속 (こう そく)

| 高速 | 高速 | 高速 | 高速 | 高速 | 高速 |

高級 고급 (こう きゅう)

| 高級 | 高級 | 高級 | 高級 | 高級 | 高級 |

休暇 휴가 (きゅう か)

| 休暇 | 休暇 | 休暇 | 休暇 | 休暇 | 休暇 |

休日 휴일 (きゅう じつ)

| 休日 | 休日 | 休日 | 休日 | 休日 | 休日 |

외래어 연습

キャンセル 취소

| キャンセル | キャンセル | キャンセル | キャンセル |

デザイン 디자인

| デザイン | デザイン | デザイン | デザイン |

Lesson 01 | ちょっとスマホを借りてもいいですか。

FUN & TALK

지금은 수업 중입니다. 역할을 정하여 수업 중에 해도 되는 것과 해서는 안 되는 것에 대해 얘기해 보세요.

質問に答える
질문에 대답하다

教科書を読む
교과서를 읽다

ガムをかむ
껌을 씹다

寝る
자다

LESSON 02

キャンプに行ったりドライブしたりします。

캠핑을 가거나 드라이브를 하거나 합니다.

표현 익히기 열거 표현 〜たり …たりする / 각 품사의 과거형

💬 Dialogue

🎧 MP3 02-1

ナ： どうしたんですか、山田さん。
　　 元気がないですね。

山田： この頃、いろいろとストレスがたまっちゃって…。
　　　 ナさんはストレスがたまった時、どうしますか。

ナ： 私のストレス解消法ですか。
　　 キャンプに行ったりドライブしたりします。
　　 キャンプに行って、夜空を眺めながら
　　 音楽を聞いていると癒されます。

山田： 本当にすてきなストレス解消法ですね。
　　　 今度キャンプに行く時、私も誘ってください。

ナ： えっ、すみません。それはちょっと…。

나민아: 무슨 일 있어요? 야마다 씨.
　　　　기운이 없네요.
야마다: 요즘 여러 가지로 스트레스가 쌓여 버려서…….
　　　　민아 씨는 스트레스가 쌓였을 때 어떻게 합니까?
나민아: 제 스트레스 해소법이요?
　　　　캠핑을 가거나 드라이브를 하거나 합니다.
　　　　캠핑 가서 밤하늘을 바라보며 음악을 들으면 힐링돼요.

야마다: 정말 멋진 스트레스 해소법이네요.
　　　　다음에 캠핑 갈 때 저도 불러 주세요.
나민아: 앗, 죄송합니다. 그건 좀…….

🔍 단어

ストレス 스트레스 | **解消法**(かいしょうほう) 해소법 | **キャンプ** 캠핑 | **ドライブ** 드라이브 | **夜空**(よぞら) 밤하늘 | **眺**(なが)**める** 바라보다 | **音樂**(おんがく) 음악 | **聞**(き)**く** 듣다 | **〜と 〜**하면 | **癒**(いや)**される** 치유되다, 힐링되다 | **本当**(ほんとう)**に** 정말로 | **すてきだ** 멋지다 | **今度**(こんど) 이번에, 다음에 | **時**(とき) 때 | **誘**(さそ)**う** 부르다, 초청하다

GRAMMAR

1 〜たり …たりする   〜하거나 …하거나 하다

❶ 동사
教室の前を行ったり来たりします。
歌を歌ったり踊ったりします。
赤ちゃんは泣いたり笑ったりします。

❷ い형용사
日本語の授業は易しかったり難しかったりします。
雰囲気は良かったり悪かったりします。

❸ な형용사
バスは便利だったり不便だったりします。
日本語の会話は上手だったり下手だったりします。

❹ 명사
支払いは現金だったりカードだったりします。
朝食はパンだったりご飯だったりします。

단어

教室(きょうしつ) 교실 | 踊(おど)る 춤추다 | 赤(あか)ちゃん 아기 | 泣(な)く 울다 | 笑(わら)う 웃다 | 授業(じゅぎょう) 수업 | 雰囲気(ふんいき) 분위기 | 不便(ふべん)だ 불편하다 | 会話(かいわ) 회화 | 支払(しはら)い 지불 | 現金(げんきん) 현금 | カード 카드 | 朝食(ちょうしょく) 아침식사

2 각 품사의 과거형

❶ 동사

Ⅰ그룹 동사 (5단 동사)	어미 く・ぐ → いた・いだ	書く 쓰다 泳ぐ 헤엄치다 **예외** 行く 가다	➡ ➡ ➡	書いた 썼다 泳いだ 헤엄쳤다 行った 갔다
	う・つ・る → った	会う 만나다 待つ 기다리다 降る (눈, 비) 내리다	➡ ➡ ➡	会った 만났다 待った 기다렸다 降った 내렸다
	ぬ・ぶ・む → んだ	死ぬ 죽다 遊ぶ 놀다 飲む 마시다	➡ ➡ ➡	死んだ 죽었다 遊んだ 놀았다 飲んだ 마셨다
	す → した	話す 이야기하다	➡	話した 이야기했다
Ⅱ그룹 동사 (상하 1단 동사)	어간 + て	見る 보다 食べる 먹다	➡ ➡	見た 보았다 食べた 먹었다
Ⅲ그룹 동사 (불규칙 동사)		来る 오다 する 하다	➡ ➡	来た 왔다 した 했다

❷ **い형용사 :** 어간 + かった

　　おもしろい ➡ おもしろかった 　　　楽しい ➡ 楽しかった

❸ **な형용사 :** 어간 + だった

　　親切だ ➡ 親切だった 　　　好きだ ➡ 好きだった

❹ **명사 :** 명사 + だった

　　学生だ ➡ 学生だった 　　　いい天気だ ➡ いい天気だった

LET'S TALK

Ⅰ 다음 그림을 보면서 연습해 보세요.　　　　　　　　　　　🎧 MP3 02-2

보기
A: 暇(ひま)な時(とき)、何(なに)をしますか。
B: 映画(えいが)を見(み)たり、友(とも)だちに会(あ)ったりします。

1　インターネットをする / ゲームをする

2　本(ほん)を読(よ)む / 音楽(おんがく)を聞(き)く

3　お酒(さけ)を飲(の)む / タバコを吸(す)う

4　テレビを見(み)る / ごろごろする

5　買(か)い物(もの)をする / 料理(りょうり)を作(つく)る

🔍 단어

インターネットをする 인터넷을 하다 | **ゲームをする** 게임을 하다 | **タバコを吸(す)う** 담배를 피우다 | **ごろごろする** 빈둥거리다 | **買(か)い物(もの)をする** 쇼핑을 하다, 물건을 사다

Ⅱ 다음 보기와 같이 연습해 보세요.

> |보기|
> A: 日本語の授業はどうですか。
> B: 面白かったりつまらなかったりします。

1. 日本語の授業 / 易しい / 難しい

2. 成績 / 良い / 悪い

3. 気温 / 暖かい / 寒い

4. 日本語の会話 / 上手だ / 下手だ

5. クラスの雰囲気 / 静かだ / 賑やかだ

단어
授業(じゅぎょう) 수업 | 易(やさ)しい 쉽다 | 難(むずか)しい 어렵다 | 成績(せいせき) 성적 | 気温(きおん) 기온 | 上手(じょうず)だ 능숙하다, 잘하다 | 下手(へた)だ 서투르다, 잘 못하다 | 雰囲気(ふんいき) 분위기 | 静(しず)かだ 조용하다 | 賑(にぎ)やかだ 번화하다

LET'S TALK

Ⅲ 다음 그림을 보면서 연습해 보세요.

> |보기|
> A: 図書館では何をしますか。
> B: 本を借りたり勉強したりします。

1 公園 / 散歩する / デートをする

2 カラオケ / 歌を歌う / 踊る

3 喫茶店 / コーヒーを飲む / 友達に会う

4 コンビニ / カップラーメンを食べる / お菓子を買う

5 郵便局 / 手紙を出す / 小包を送る

6 教室 / 勉強する / お弁当を食べる

단어

公園(こうえん) 공원 | 散歩(さんぽ)する 산책하다 | デートをする 데이트를 하다 | 喫茶店(きっさてん) 찻집 | コンビニ 편의점 | カップラーメン 컵라면 | お菓子(かし) 과자 | 郵便局(ゆうびんきょく) 우체국 | 手紙(てがみ)を出(だ)す 편지를 부치다 | 小包(こづつみ)を送(おく)る 소포를 보내다 | 教室(きょうしつ) 교실 | お弁当(べんとう) 도시락

EXERCISE

다음 빈칸에 알맞은 말을 넣어 보세요.

① 아기가 울기도 하고 웃기도 합니다. (泣く / 笑う)
　　赤ちゃんが _____

② 성적이 오르기도 하고 내려가기도 합니다. (上がる / 下がる)
　　成績が _____

③ 드라마는 재미있기도 하고 시시하기도 합니다. (面白い / つまらない)
　　ドラマは _____

④ 사람에 따라 친절하기도 하고 불친절하기도 합니다. (親切だ / 不親切だ)
　　人によって _____

⑤ 교통수단은 전철이기도 하고 버스이기도 합니다. (電車 / バス)
　　交通手段は _____

 단어 --

赤(あか)ちゃん 아기 | 泣(な)く 울다 | 笑(わら)う 웃다 | 成績(せいせき) 성적 | 上(あ)がる 올라가다 | 下(さ)がる 내려가다 | ドラマ 드라마 | つまらない 시시하다 | ～によって ～에 의해 | 不親切(ふしんせつ)だ 불친절하다 | 交通手段(こうつうしゅだん) 교통수단 | 電車(でんしゃ) 전철

EXERCISE

한자 연습

作 만들 작
- 음독: さく / さ / さっ
- 훈독: 作(つく)る
- ノ 亻 亻 作 作 作

教 가르칠 교
- 음독: きょう
- 훈독: 教(おし)える
- 丶 土 耂 孝 孝 孝 教 教

作文 (さくぶん / 작문)

作家 (さっか / 작가)

教室 (きょうしつ / 교실)

教育 (きょういく / 교육)

외래어 연습

ストレス 스트레스

プレゼント 선물

FUN & TALK

다음 그림을 보면서 질문하는 사람이 동작을 나타내는 표현을 말하면
듣는 사람은 그에 해당하는 장소를 말해 보세요.

ここでは買い物をしたり食事をしたりします。
ここはどこですか。

図書館
도서관
本を読む
資料を集める

郵便局
우체국
小包を送る
切手を買う

学校
학교
授業を受ける
先生と相談する

チムジルバン
찜질방
シャワーを浴びる
サウナをする

会社
회사
会議をする
仕事をする

コーヒーショップ
커피숍
コーヒーを飲む
友達と話す

LESSON 03

土曜日にも残業をしなければなりません。
토요일에도 잔업을 해야 합니다.

💬 Dialogue

🎧 MP3 03-1

姜：田中さん。
　　来週の土曜日、朴さんのチプトゥリに行きませんか。

田中：え、チプトゥリって何ですか。

姜：引越し祝いパーティーです。

田中：そうですか。行きたいですけど、この頃忙しくて、
　　　土曜日にも残業をしなければなりません。

姜：そうですか。残念ですね。
　　せっかくナさんも行くのに…。

田中：え、ナさんも行くんですか。じゃ、行、行きますよ。
　　　やっぱり土曜日まで働かなくてもいいですね。ハハ。

강한척: 다나카 씨. 다음 주 토요일, 박 씨의 집들이에 가지 않을래요?
다나카: 앗, 집들이가 뭐예요?
강한척: 이사 축하 파티예요.
다나카: 그래요? 가고 싶은데 요즘 바빠서 토요일에도 잔업을 해야 합니다.
강한척: 그래요? 안됐네요.
　　　　모처럼 민아 씨도 가는데…….
다나카: 아, 민아 씨도 가나요? 그럼, 가, 갈게요.
　　　　역시 토요일까지 일하지 않아도 돼죠. 하하.

🔍 단어

来週(らいしゅう) 다음 주 | 引越(ひっこ)し 이사 | 祝(いわ)い 축하 | パーティー 파티 | 招待(しょうたい)する 초대하다 | この頃(ごろ) 요즘 | 忙(いそが)しい 바쁘다 | 残業(ざんぎょう) 잔업, 야근 | 残念(ざんねん)だ 안타깝다, 아쉽다 | せっかく 모처럼 | ~のに ~인데도 | やっぱり 역시 | 働(はたら)く 일하다

GRAMMAR

1 〜なければならない　〜하지 않으면 안 된다, 〜해야만 한다

❶ 동사
漢字(かんじ)を覚(おぼ)えなければなりません。
土曜日(どようび)にも残業(ざんぎょう)しなければなりません。

❷ い형용사
新(あたら)しくなければなりません。
面白(おもしろ)くなければなりません。

❸ な형용사
静(しず)かで[じゃ]なければなりません。
新鮮(しんせん)で[じゃ]なければなりません。

❹ 명사
あなたで[じゃ]なければなりません。
今日(きょう)で[じゃ]なければなりません。

 단어

漢字(かんじ) 한자 | **覚**(おぼ)**える** 외우다, 암기하다 | **新鮮**(しんせん)**だ** 신선하다

2 ～なくてもいい ～하지 않아도 된다

❶ 동사 そんなに心配しなくてもいいです。
　　　　　週末には働かなくてもいいです。

❷ い형용사 新しくなくてもいいです。
　　　　　　広くなくてもいいです。

❸ な형용사 静かで[じゃ]なくてもいいです。
　　　　　　新鮮で[じゃ]なくてもいいです。

❹ 명사 あなたで[じゃ]なくてもいいです。
　　　　今日で[じゃ]なくてもいいです。

3 ～のに ～인데도, ～한데도〈역접〉

접속	동사(る / ている / た)	い형용사(い / かった)
	な형용사(な / だった)	명사(な / だった)

いっぱい食べたのに、また食べたいです。
彼はハンサムなのに、人気がありません。
明日が試験なのに、遊んでいます。

단어

そんなに 그렇게 | **心配(しんぱい)する** 걱정하다 | **週末(しゅうまつ)** 주말 | **いっぱい** 가득 | **また** 또, 다시 | **ハンサムだ** 잘생기다 | **人気(にんき)** 인기 | **試験(しけん)** 시험

LET'S TALK

I 다음 보기를 보면서 연습해 보세요.　　　　　　　　　🎧 MP3 03-2

| 보기 | A: あなたの会社にはどんな規則がありますか。
B: 私の会社は、8時までに出勤しなければなりません。

1　土曜日にも仕事をする

2　毎月テストを受ける

3　ユニフォームを着る

4　毎週報告書を書く

5　毎年研修に行く

🔍 **단어**
規則(きそく) 규칙 ｜ 仕事(しごと)をする 일을 하다 ｜ 毎月(まいつき) 매달 ｜ テストを受(う)ける 시험을 치다 ｜ ユニフォーム 유니폼, 제복 ｜ 着(き)る 입다 ｜ 報告書(ほうこくしょ) 보고서 ｜ 毎年(まいとし) 매년 ｜ 研修(けんしゅう) 연수

Ⅱ 다음 보기를 보면서 연습해 보세요.

| 보기 |
A: 土曜日にも仕事をしなければなりませんか。
B: はい、しなければなりません。/
いいえ、しなくてもいいです。

1　土曜日にも会社に行く / いいえ

2　全部読む / いいえ

3　朝早く起きる / はい

4　試験を受ける / はい

5　毎日運動する / いいえ

全部(ぜんぶ) 전부 | **朝早**(あさはや)**く** 아침 일찍 | **運動**(うんどう)**する** 운동하다

LET'S TALK

Ⅲ 다음 보기를 보면서 연습해 보세요.

> |보기|
> A: レポートを書かなくてもいいですか。
> B: いいえ、レポートは書かなければなりません。

1 日本語で話す

2 履歴書を出す

3 ドアを閉める

4 予約をする

5 会社に連絡する

 단어

レポートを書(か)く 리포트를 쓰다 | 履歴書(りれきしょ)を出(だ)す 이력서를 제출하다 | ドアを閉(し)める 문을 닫다 | 予約(よやく) 예약 | 連絡(れんらく)する 연락하다

EXERCISE

다음 빈칸에 알맞은 말을 넣어 보세요.

1 약속은 지켜야 합니다. (約束を守る)

　約束は _____

2 내일까지 결정해야 합니다. (決める)

　明日までに _____

3 시험에 합격해야 합니다. (合格する)

　試験に _____

4 일본어로 쓰지 않아도 됩니다. (日本語で書く)

　日本語で _____

5 그렇게 긴장하지 않아도 됩니다. (緊張する)

　そんなに _____

단어

約束(やくそく) 약속 | 守(まも)る 지키다 | 決(き)める 정하다 | 合格(ごうかく)する 합격하다 | そんなに 그렇게 | 緊張(きんちょう)する 긴장하다

EXERCISE

한자 연습

待 기다릴 대
음독 たい　훈독 待(ま)つ　ノ ク イ 彳 疒 待 待 待
待　待　待　待　待　待

話 말할 화
음독 わ　훈독 話(はな)す　丶 亠 ナ 言 言 言 訁 訐 話 話 話
話　話　話　話　話　話

期待 き たい / 기 대
期待　期待　期待　期待　期待　期待

招待 しょう たい / 초 대
招待　招待　招待　招待　招待　招待

会話 かい わ / 회 화
会話　会話　会話　会話　会話　会話

話題 わ だい / 화 제
話題　話題　話題　話題　話題　話題

외래어 연습

ユニフォーム 유니폼

| ユニフォーム | ユニフォーム | ユニフォーム | ユニフォーム |

レポート 리포트

| レポート | レポート | レポート | レポート |

FUN & TALK

여행 준비를 하고 있습니다. 여행할 때 꼭 필요한 사항과 필요없는 사항에서 말해 보세요.

何をしなければなりませんか。

カメラを持っていく
카메라를 가져가다

ホテルを予約する
호텔을 예약하다

飛行機で行く
비행기로 가다

お弁当を作る
도시락을 싸다

ビザを取る
비자를 받다

パスポートを作る
여권을 만들다

ガイドが案内する
가이드가 안내하다

両替する
환전하다

英語で話す
영어로 말하다

LESSON 04

まっすぐ行くと消防署があります。

곧장 가면 소방서가 있어요.

Dialogue

山田：ナさん、日本大使館がどこにあるか知っていますか。

ナ：はい、知っていますよ。光化門の近くにあります。

山田：じゃ、光化門駅からどう行けばいいか教えてください。

ナ：光化門駅からですか。

えーと、光化門駅の２番出口を出て、まっすぐ行くと消防署があります。消防署まで行くと、消防署の後ろの方に日本大使館のビルが見えますよ。

山田：そうですか。ありがとうございます。

ナさんはソウルの地理に明るいですね。

ナ：暇な時、あっちこっち行ってみるのが趣味なので…。

山田さんの役に立ててうれしいです。

야마다: 민아 씨, 일본대사관이 어디에 있는지 아세요?
나민아: 네, 알아요. 광화문 근처에 있어요.
야마다: 그럼, 광화문역에서 어떻게 가면 되는지 가르쳐 주세요.
나민아: 광화문역에서요?
음~, 광화문역 2번 출구를 나와서 곧장 가면 소방서가 있어요.
소방서까지 가면 소방서 뒤쪽에 일본대사관 건물이 보입니다.

야마다: 그래요? 고마워요.
민아 씨는 서울 지리에 밝네요.
나민아: 한가할 때 여기저기 다녀보는 것이 취미라서…….
야마다 씨한테 도움이 될 수 있어서 기쁘네요.

단어

大使館(たいしかん) 대사관 | 知(し)る 알다 | 近(ちか)く 근처 | 〜ば 〜(하)면 | えーと 음 | 出口(でぐち) 출구 | 出(で)る 나가다
まっすぐ 곧장 | 消防署(しょうぼうしょ) 소방서 | ビル 건물 | 見(み)える 보이다 | 地理(ちり) 지리 | 〜に明(あか)るい 〜에 밝다
あっちこっち 여기저기 | 〜てみる 〜해 보다 | 趣味(しゅみ) 취미 | 役(やく)に立(た)つ 도움이 되다

GRAMMAR

1 〜ば　　　　　　　　〜(하)면 〈가정〉

1. 동사의 어미 え단 + 〜ば

雨が降れば、行きません。

機会があれば、日本へ遊びに行きたいです。

ナさんが行けば、田中さんも行くでしょう。

2. い형용사의 어간 + 〜ければ

天気が良ければ、ハイキングに行きます。

値段が高ければ、買いません。

忙しければ、来なくてもいいです。

3. い로 끝나는 조동사의 어간 + 〜ければ

泣きたければ、泣いてもいいです。

食べたければ、何でも食べてもいいです。

会社を辞めたければ、辞めてもいいです。

 단어

雨(あめ)が降(ふ)る 비가 오다 ｜ 機会(きかい) 기회 ｜ 天気(てんき) 날씨 ｜ 値段(ねだん) 값, 가격 ｜ 忙(いそが)しい 바쁘다 ｜ 泣(な)く 울다 ｜ 辞(や)める 그만두다

② ～と　　　　　　　　　～면

1. 동사의 기본형 + ～と　　　～(하)면

この道をまっすぐ行くと駅があります。

このスイッチを押すと電気が消えます。

2に3を足すと5になります。

2. 동사의 ない형 + ～ないと　　　～(하)지 않으면

運動しないと太ります。

毎日練習しないと下手になります。

明日までに書類を出さないと入学できません。

③ ～ので　　　　　　　　～이므로〈순접, 이유〉

접속	동사 (る / ている / た)	い형용사 (い / かった)
	な형용사 (な / だった)	명사 (な / だった)

今日は疲れたので、早く家に帰ります。

熱があるので、少し休みます。

試験を受けなければならないので、勉強します。

단어

スイッチを押(お)す 스위치를 누르다 | 電気(でんき)が消(き)える 전기가 꺼지다 | 足(た)す 더하다 | 運動(うんどう) 운동 | 太(ふと)る 뚱뚱해지다, 살찌다 | 練習(れんしゅう) 연습 | 書類(しょるい) 서류 | 疲(つか)れる 지치다, 피곤하다 | 熱(ねつ)がある 열이 있다 | 休(やす)む 쉬다

LET'S TALK

I 다음 보기와 같이 연습해 보세요.　　　🎧 MP3 04-2

| 보기 | お金(かね)がある / 旅行(りょこう)に行(い)く
➡ お金(かね)があれば旅行(りょこう)に行(い)きます。

1　あなたが行(い)く / 私(わたし)も行(い)く

2　機会(きかい)がある / 日本(にほん)に行(い)きたい

3　雨(あめ)が降(ふ)る / 家(うち)にいる

4　天気(てんき)が良(よ)い / 遊(あそ)びに行(い)く

5　時間(じかん)がない / 行(い)かなくてもいい

단어

旅行(りょこう)に行(い)く 여행을 가다 | 機会(きかい) 기회 | 天気(てんき) 날씨, 일기 | 遊(あそ)びに行(い)く 놀러 가다

Ⅱ 다음 보기와 같이 연습해 보세요.

> [보기]
> 春になる / 花が咲く
> → 春になると花が咲きます。

1　ボタンを押す / ドアが開く

2　お金を入れる / 切符が出る

3　1に2を足す / 3になる

4　この道をまっすぐ行く / 駅がある

5　勉強しない / 成績が落ちる

6　何も食べない / やせる

🔍 **단어**

春(はる) 봄 ｜ ～になる ～가 되다 ｜ 花(はな)が咲(さ)く 꽃이 피다 ｜ ボタンを押(お)す 버튼을 누르다 ｜ お金(かね)を入(い)れる 돈을 넣다 ｜ 切符(きっぷ)が出(で)る 표가 나오다 ｜ 足(た)す 더하다 ｜ まっすぐ行(い)く 똑바로 가다 ｜ 成績(せいせき)が落(お)ちる 성적이 떨어지다 ｜ やせる 야위다, 마르다

EXERCISE

다음 빈칸에 알맞은 말을 넣어 보세요.

① 일본어는 어떻게 공부하면 됩니까?

　　日本語は _____

② 선생님이 가지 않으면 저도 가지 않겠습니다.

　　先生が _____

③ 이 버튼을 누르면 전기가 켜집니다. (ボタンを押す / 電気がつく)

　　このボタンを _____

④ 2에 3을 곱하면 6이 됩니다. (かける)

　　2に _____

⑤ 이 길을 곧장 가면 오른쪽에 우체통이 있습니다. (まっすぐ行く / 右側 / ポスト)

　　この道を _____

단어

押(お)す 누르다 | 電気(でんき)がつく 전기가 켜지다 | かける 곱하다, 걸다 | 右側(みぎがわ) 오른쪽, 오른편 | ポスト 우체통

한자 연습

道 길 도
- 음독 どう　훈독 道(みち)
- 筆順: 丶丷䒑䒑产首首首道道

動 움직일 동
- 음독 どう　훈독 動(うごく)
- 筆順: 一ニテ盲盲車車重重動動

道路 도 로

道具 도 구

運動 운 동

動物 동 물

외래어 연습

スイッチ 스위치

ポスト 우체통

Lesson 04 | まっすぐ行くと消防署があります。

FUN & TALK

> 다음 표현을 사용해서 길을 찾아가 보세요.
>
> **～はどう行けばいいですか。**

길 안내와 관련된 표현 익히기

LESSON 05

早く病院に行ったらどうですか。
빨리 병원에 가는 게 어때요?

표현 익히기 가정표현 〜なら와 〜たら / 〜たらどうですか(제안, 권유)

💬 Dialogue

🎧 MP3 05-1

姜：どうしたんですか、田中さん？顔色が悪いですね。

田中：昨日から体がだるくて、ぜんぜん力がないんです。
頭も痛いし、めまいもするし…。

姜：それは大変ですね。
早く病院に行ったらどうですか。

田中：そうですね。この近くにいい病院がありますか。

姜：いい病院ならやっぱりソウル病院ですね。
よかったら、いっしょに行きますよ。

田中：いいんですか。どうもありがとう。
姜さんがいるから、本当に心強いですよ。

姜：ハハ。実はちょっとでも事務室から離れたいんです。

강한척 : 무슨 일 있어요, 다나카 씨? 안색이 좋지 않네요.
다나카 : 어제부터 몸이 나른하고 힘이 전혀 없어요.
　　　　머리도 아프고 현기증도 나고…….
강한척 : 그거 큰일이네요.
　　　　빨리 병원에 가는 게 어때요?
다나카 : 글쎄요. 이 근처에 좋은 병원이 있나요?

강한척 : 좋은 병원이라면 역시 서울병원이죠.
　　　　괜찮으면 같이 갈게요.
다나카 : 괜찮으세요? 정말 고마워요.
　　　　한척 씨가 있어서 정말 마음 든든합니다.
강한척 : 하하. 실은 잠깐이라도 사무실에서 벗어나고 싶어서요.

🔍 단어

顔色(かおいろ)が悪(わる)い 안색이 좋지 않다 | **体(からだ)がだるい** 몸이 나른하다 | **ぜんぜん** 전혀 | **力(ちから)** 힘 | **頭(あたま)が痛(いた)い** 머리가 아프다 | **めまいがする** 현기증이 나다 | **大変(たいへん)だ** 큰일이다 | **病院(びょういん)** 병원 | **～たら** ～(하)면 | **～なら** ～라면 | **やっぱり** 역시 | **よかったら** 괜찮다면 | **いっしょに** 함께, 같이 | **心強(こころづよ)い** 마음 든든하다, 믿음직스럽다 | **実(じつ)は** 실은 | **ちょっとでも** 잠깐이라도 | **事務室(じむしつ)** 사무실 | **離(はな)れる** 벗어나다, 헤어지다

GRAMMAR

1 〜なら　　　　　　　　　　〜라면 〈가정(조건) 표현〉

❶ **동사** : 기본형 + なら

日本料理を食べるならおすしがいいですね。

デートをするならこのドライブコースがいいですよ。

❷ **い형용사** : 기본형 + なら

忙しいなら来なくてもいいです。

おいしくないなら食べなくてもいいです。

❸ **な형용사** : 어간 + なら

暇なら遊びに来てください。

心配なら連絡してみてください。

❹ **명사** : 명사 + なら

日本語なら自信あります。

今週の土曜日なら大丈夫です。

おすし 초밥 ｜ デート 데이트 ｜ ドライブコース 드라이브 코스 ｜ 暇(ひま)だ 한가하다 ｜ 心配(しんぱい)だ 걱정되다 ｜ 連絡(れんらく)する 연락하다 ｜ 自信(じしん) 자신(감)

2 〜たら　　　〜하면 〈가정 표현〉

❶ 동사　　仕事が終わったら、飲みに行きましょう。
　　　　　　家に着いたら、電話してください。

❷ い형용사　辛かったらお水をどうぞ。
　　　　　　他の店より高かったら弁償します。

❸ な형용사　不便だったらいつでも言ってください。
　　　　　　不安だったら確認してみてください。

❹ 명사　　重要な話だったら後でしましょう。
　　　　　　あの立場だったらだれでもそうすると思います。

3 〜たらどうですか　　　〜하는 것이 어때요? 〈제안·권유〉

少し休んだらどうですか。
先生に聞いてみたらどうですか。

단어

終(お)わる 끝나다 | 着(つ)く 도착하다 | 辛(から)い 맵다 | 他(ほか)の 다른 | 店(みせ) 가게 | 弁償(べんしょう) 변상, 보상 | 不便(ふべん)だ 불편하다 | 不安(ふあん)だ 불안하다 | 確認(かくにん)する 확인하다 | 重要(じゅうよう)だ 중요하다 | 後(あと)で 뒤에, 나중에 | 立場(たちば) 입장 | 告白(こくはく)する 고백하다

LET'S TALK

Ⅰ 다음 보기와 같이 연습해 보세요.　　　🎧 MP3 05-2

보기
A: 日本へ旅行に行きたいんですが…。
B: 日本へ旅行に行くなら箱根がいいですよ。

1　服を買う / 東大門

2　韓国のお土産を買う / のり

3　遊園地に行く / エバーランド

4　映画を見に行く / メガボックス

5　ソウルの夜景を見る / 南山

🔍 **단어**

旅行(りょこう) 여행 | **箱根**(はこね) 하코네(일본 지명) | **服**(ふく) 옷 | **お土産**(みやげ) 선물 | **のり** 김 | **遊園地**(ゆうえんち) 유원지, 놀이동산 | **夜景**(やけい) 야경

Ⅱ 다음 보기와 같이 연습해 보세요.

> |보기|
> A: 内容が難しくて、読んでも分かりません。
> B: よく分からなかったら、先生に質問してください。

1　A: もうすぐ仕事が終わります。
　　B: (仕事が終わる / 電話する)

2　A: もうすぐ駅に着きます。
　　B: (駅に着く / 連絡する)

3　A: とても眠いです。
　　B: (眠い / コーヒーを飲む)

4　A: 試験も終わって暇です。
　　B: (暇だ / 手伝う)

5　A: とても重要な話です。
　　B: (重要な話 / 後で話す)

단어

内容(ないよう) 내용 | 質問(しつもん) 질문 | 仕事(しごと)が終(お)わる 일이 끝나다 | 駅(えき)に着(つ)く 역에 도착하다 | 眠(ねむ)い 졸리다 | 暇(ひま)だ 한가하다 | 手伝(てつだ)う 돕다 | 重要(じゅうよう)だ 중요하다 | 後(あと)で 나중에

Lesson 05 | 早く病院に行ったらどうですか。　55

LET'S TALK

Ⅲ 다음 보기와 같이 연습해 보세요.

| 보기 |
A: 韓国のお寺を見たいんですが…。
B: 韓国のお寺を見たいなら、慶州に行ったらどうですか。

1 コンピューターを買う / 竜山に行く

2 のんびりする / 温泉に行く

3 海に行く / 釜山に行く

4 山に行く / 智異山に行く

5 ダイエットする / 毎日運動する

 단어
お寺(てら) 절 | コンピューター 컴퓨터 | のんびり 유유히, 한가롭게 | 温泉(おんせん) 온천 | 海(うみ) 바다 | ダイエットする 다이어트하다 | 運動(うんどう)する 운동하다

다음 빈칸에 알맞은 말을 넣어 보세요.

1 이번 토요일 한가하면 영화 보러 가지 않을래요? (暇だ / 映画を見る)

今度の _____

2 도쿄라면 간 적이 있습니다. (〜たことがある)

東京 _____

3 일본에 도착하면 연락 주세요. (着く)

日本に _____

4 잘 모르면 질문해 주세요. (分からない / 質問)

よく _____

5 한 번 만나 보는 것이 어때요? (会う)

一度 _____

〜ことがある 〜한 적이 있다 | 着(つ)く 도착하다 | 連絡(れんらく)する 연락하다

EXERCISE

한자 연습

問 물을 문
- 음독 もん 훈독 問(と)う
- 丨 冂 冃 冐 門 門 問
- 問 問 問 問 問 問

力 힘 력
- 음독 りょく / りき 훈독 力(ちから)
- フ 力
- 力 力 力 力 力 力

問題 문제 (もんだい)
- 問題 問題 問題 問題 問題 問題

訪問 방문 (ほうもん)
- 訪問 訪問 訪問 訪問 訪問 訪問

実力 실력 (じつりょく)
- 実力 実力 実力 実力 実力 実力

能力 능력 (のうりょく)
- 能力 能力 能力 能力 能力 能力

외래어 연습

コース 코스
- コース　コース　コース　コース

ダイエット 다이어트
- ダイエット　ダイエット　ダイエット　ダイエット

FUN & TALK

손님이 선물을 사려고 합니다. 여러분의 센스를 발휘하여 적당한 선물을 권해 보세요.

～にプレゼントをするなら …はどうですか。

社長（しゃちょう）： お正月（しょうがつ）のプレゼント
同僚（どうりょう）： 結婚祝（けっこんいわ）いのプレゼント
恋人（こいびと）： バレンタインデーのプレゼント

奥（おく）さん： 結婚記念日（けっこんきねんび）のプレゼント
お兄（にい）さん： 誕生日（たんじょうび）のプレゼント
妹（いもうと）さん： 入学祝（にゅうがくいわ）いのプレゼント

花束（はなたば）
꽃다발

アイロン
다리미

ハンドバック
핸드백

カメラ
카메라

電気釜（でんきがま）
전기밥솥

化粧品（けしょうひん）セット
화장품 세트

指輪（ゆびわ）
반지

ウイスキー
위스키

時計（とけい）
시계

LESSON 06

山田さんはいつまで韓国にいる予定ですか。

야마다 씨는 언제까지 한국에 있을 예정이에요?

표현 익히기 ～つもりだ, ～予定だ, ～と思っている / 동사의 의지형 / 목적표현 ～(の)ために

💬 Dialogue

🎧 MP3 06-1

姜：山田さんはいつまで韓国にいる予定ですか。

山田：そうですね。韓国の生活もとても気に入っているし、
もともとは一年間の予定で来ましたが、
できればなるべく長く韓国にいようと思っています。

姜：そうですか。じゃ、結婚はどうするつもりですか。

山田：さあ～、まだよく分かりませんが、
もし結婚するなら、韓国の女性と結婚したいです。

姜：そうですか。もしかして今韓国の女性と付き合っていますか。

山田：いいえ、でも機会があれば、付き合ってみたいです。

姜：山田さんのソロ脱出応援します！

강한척 : 야마다 씨는 언제까지 한국에 있을 예정이에요?
야마다 : 글쎄요. 한국 생활도 매우 마음에 들고,
　　　　원래는 1년간 있을 예정으로 왔는데요,
　　　　가능하면 가급적 오래 한국에 있으려고 해요.
강한척 : 그래요? 그럼, 결혼은 어떻게 할 생각이에요?

야마다 : 글쎄요. 아직 잘 모르겠습니다만,
　　　　만약 결혼을 한다면 한국 여성과 결혼하고 싶어요.
강한척 : 그래요? 혹시 지금 한국 여성과 사귀고 있어요?
야마다 : 아니요. 하지만 기회가 생기면 사귀어 보고 싶어요.
강한척 : 야마다 씨의 솔로 탈출 응원할게요!

🔍 단어

予定(よてい) 예정 | 生活(せいかつ) 생활 | 気(き)に入(い)る 마음에 들다 | もともと 원래 | ～年間(ねんかん) ～년간 | できれば 가능하면 | なるべく 가급적, 가능한 한 | 結婚(けっこん) 결혼 | さあ 자, 어서, 글쎄 | まだ 아직 | よく 잘 | 分(わ)かる 알다 | もし 만약 | ～なら ～라면 | 女性(じょせい) 여성 | ～と ～와/과 | ～たい ～하고 싶다 | もしかして 혹시 | 今(いま) 지금 | 付(つ)き合(あ)う 사귀다 | でも 하지만 | 機会(きかい) 기회 | ～てみたい ～해 보고 싶다 | ソロ 솔로 | 脱出(だっしゅつ) 탈출 | 応援(おうえん) 응원

GRAMMAR

① 의지 · 계획 · 예정 표현

1. 동사의 기본형 + つもりだ ~할 생각(작정)이다

来年、留学に行くつもりです。
日本語能力試験を受けるつもりです。

2. 동사의 ない형 + つもりだ ~하지 않을 생각이다

あそこにはもう二度と行かないつもりです。
大学院には進学しないつもりです。

3. 동사의 기본형 + 予定だ ~할 예정이다

2時から会議がある予定です。
飛行機は午後4時に到着する予定です。

4. 동사의 의지형 + と思っている ~하려고 하다

タバコをやめようと思っています。
明日の朝早く出発しようと思っています。

留学(りゅうがく) 유학 | 能力(のうりょく) 능력 | 試験(しけん) 시험 | ~度(ど) ~번 | 大学院(だいがくいん) 대학원 | 進学(しんがく) 진학 | 会議(かいぎ) 회의 | 飛行機(ひこうき) 비행기 | 到着(とうちゃく) 도착 | 出発(しゅっぱつ) 출발

❷ 동사의 의지형

I 그룹 동사 (5단 동사)	어미 う단→お단 + う	会う ➡ 会おう　行く ➡ 行こう 話す ➡ 話そう　待つ ➡ 待とう 死ぬ ➡ 死のう　遊ぶ ➡ 遊ぼう 読む ➡ 読もう　守る ➡ 守ろう
II 그룹 동사 (상하 1단 동사)	어간 + よう	見る ➡ 見よう　起きる ➡ 起きよう 食べる ➡ 食べよう　寝る ➡ 寝よう
III 그룹 동사 (불규칙 동사)		来る ➡ 来よう　する ➡ しよう

❸ 목적 표현

1. 동사의 기본형 + ために　　～하기 위해서

大学に入るために、一生懸命勉強します。
家を買うために、貯金します。

2. 명사 + のために　　～을 위해서

健康のために運動しています。
発表のために資料を集めます。

🔍 **단어**

入(はい)る 들어가다 | 一生懸命(いっしょうけんめい) 열심히 | 貯金(ちょきん) 저금 | 健康(けんこう) 건강 | 発表(はっぴょう) 발표 | 資料(しりょう) 자료 | 集(あつ)める 모으다

LET'S TALK

I 다음 보기와 같이 연습해 보세요.

🎧 MP3 06-2

보기
A: 今週の土曜日、何をするつもりですか。
B: そうですね。友達と映画を見るつもりです。

1 今週末 / 家で休む

2 連休 / 旅行に行く

3 夏休み / アルバイトをする

4 授業が終ってから / お茶を飲みに行く

5 大学を卒業してから / 大学院に進学する

🔍 단어

今週末(こんしゅうまつ) 이번 주말 | 連休(れんきゅう) 연휴 | 夏休(なつやす)み 여름방학 | 卒業(そつぎょう) 졸업 | 大学院(だいがくいん)に進学(しんがく)する 대학원에 진학하다

Ⅱ 다음 보기와 같이 연습해 보세요.

> [보기]
> A: いつ日本に行くつもりですか。
> B: 来月日本に行こうと思っています。

1 結婚する / 来年
2 留学に行く / 再来年
3 試験を受ける / 今年
4 引越す / 再来月

Ⅲ 다음 보기와 같이 연습해 보세요.

> [보기]
> A: 何のために日本語を勉強しているんですか。
> B: 試験を受けるために日本語を勉強しています。

1 日本へ旅行に行く
2 ネイティブと日本語で話す
3 日本へ留学に行く
4 就職

🔍 단어

留学(りゅうがく) 유학 | 再来年(さらいねん) 내후년 | 試験(しけん)を受(う)ける 시험을 치다 | 引越(ひっこ)す 이사하다 | 再来月(さらいげつ) 다음다음 달 | ネイティブ 네이티브 | 就職(しゅうしょく) 취직

EXERCISE

다음 빈칸에 알맞은 말을 넣어 보세요.

① 일본에 유학 갈 생각입니다. (留学に行く)
　　日本へ _____

② 여행하기 위해서 아르바이트를 할 생각입니다. (アルバイトをする)
　　旅行する _____

③ 그녀와는 두 번 다시 만나지 않을 생각입니다. (二度と / 会う)
　　彼女とは _____

④ 다음 주 일본으로 출장 갈 예정입니다. (出張に行く)
　　来週 _____

⑤ 다음 달부터 운동을 시작하려고 생각하고 있습니다. (運動を始める)
　　来月から _____

단어

アルバイト 아르바이트 | 二度(にど)と 두 번 다시 | 出張(しゅっちょう)に行(い)く 출장 가다 | 運動(うんどう) 운동

한자 연습

着 도착할 착
- 음독: ちゃく
- 훈독: 着(つ)く / 着(き)る
- 필순: 丶 丷 芐 芐 羊 芦 着 着 着

発 발할 발
- 음독: はつ / ぱつ / ほつ
- 훈독: 発(た)つ
- 필순: ノ フ 癶 癶 癶 癶 発 発

到着 とうちゃく / 도착

着用 ちゃくよう / 착용

発展 はってん / 발전

発表 はっぴょう / 발표

외래어 연습

ヨーロッパ 유럽

ネイティブ 네이티브

FUN & TALK

인생은 끝없는 선택의 갈림길입니다. 앞으로의 계획에 대해 서로 묻고 답해 보세요.

～つもりです ～할 생각입니다

대학 졸업 후엔?

1
しゅうしょく
就職する
취직하다

2
りゅうがく い
留学に行く
유학 가다

3
だいがくいん い
大学院に行く
대학원을 가다

자신을 위해 투자를 한다면?

1
がいこくご なら
外国語を習う
외국어를 배우다

2
うんどう
運動する
운동하다

3
ざい べんきょう
財テクの勉強をする
재테크 공부를 하다

결혼은 어떻게?

1
れんあいけっこん
恋愛結婚をする
연애결혼을 하다

2
み あいけっこん
お見合結婚をする
중매결혼을 하다

신혼여행은 어디로?

1

ヨーロッパに行く
유럽에 가다

1

ハワイに行く
하와이에 가다

3

日本に行く
일본에 가다

4

タイに行く
태국에 가다

결혼 후1.

1

子供を産む
아이를 낳다

결혼 후2.

1

(一戸建て)住宅に住む
단독주택에 살다

2

子供を産まない
아이를 낳지 않다

2

アパート(マンション)に住む
아파트(맨션)에 살다

LESSON 07
今にも雨が降り出しそうですね。
금방이라도 비가 내릴 것 같네요.

표현 익히기 ～そうだ의 두 가지 용법 / ～やすい, ～にくい, ～すぎる / ～ように, ～ないように

💬 Dialogue

🎧 MP3 07-1

田中: どんよりと曇って今にも雨が降り出しそうですね。

ナ: そうですね。
天気予報によると明日から梅雨が始まるそうですよ。

田中: そうですか。梅雨が終わったらもう本格的な夏ですね。

ナ: ニュースによると今年は100年ぶりの暑さで、
大変過ごしにくい夏になるそうですよ。

田中: そうですか。夏ばてしないように、
体に気をつけなければなりませんね。

ナ: そうですね。じゃ、明日は健康のために、
サムゲタンでも食べに行きましょうか。

田中: それもいいですね。そうしましょう。

다나카: 잔뜩 흐린 게 금방이라도 비가 내릴 것 같네요.
나민아: 그러네요. 일기예보에 따르면 내일부터 장마가 시작된다고 하네요.
다나카: 그래요? 장마가 끝나면 이제 본격적인 여름이 오겠네요.
나민아: 뉴스에 따르면 올해는 100년 만의 더위로 지내기 힘든 여름이 될 거라고 해요.
다나카: 그래요? 여름 타지 않도록 건강에 유의해야겠네요.
나민아: 맞아요. 그럼, 내일은 건강을 위해 삼계탕이라도 먹으러 갈까요?
다나카: 그것도 좋네요. 그렇게 해요.

🔍 **단어**

どんよりと 날씨가 잔뜩 흐린 모양(어두침침함) | **曇(くも)る** 흐리다 | **今(いま)にも** 금방, 당장이라도 | **降(ふ)り出(だ)す** 내리기 시작하다 | **~そうだ** ~할 것 같다, ~라고 하다 | **天気予報(てんきよほう)** 일기예보 | **~によると** ~에 의하면 | **明日(あした)** 내일 | **梅雨(つゆ)** 장마 | **始(はじ)まる** 시작되다 | **本格的(ほんかくてき)** 본격적 | **ニュース** 뉴스 | **今年(ことし)** 올해 | **~ぶり** ~만에 | **暑(あつ)さ** 더위 | **大変(たいへん)** 매우, 몹시 | **~にくい** ~하기 어렵다 | **夏(なつ)ばて** 여름을 탐 | **体(からだ)に気(き)をつける** 건강에 유의하다, 신경 쓰다 | **健康(けんこう)** 건강 | **~のために** ~을 위해서 | **サムゲタン** 삼계탕

GRAMMAR

1 ～そうだ ～라고 하다〈전문〉

❶ **동사:** る / ている / た

かれ あした く
彼は明日来るそうです。

そと いま あめ ふ
外は今雨が降っているそうです。

し けん ごうかく
試験に合格したそうです。

❷ **い형용사:** い / かった

ころ かいしゃ しごと いそが
この頃、会社の仕事でとても忙しいそうです。

し けん やさ
試験はとても易しかったそうです。

❸ **な형용사:** だ / だった

りょうしん げん き
両親は元気だそうです。

えい が ほんとう かんどうてき
映画は本当に感動的だったそうです。

❹ **명사:** だ / だった

かのじょ に ほん ご せんせい
彼女は日本語の先生だそうです。

かれ がくせい じ だい やきゅうせんしゅ
彼は学生時代、野球選手だったそうです。

 단어

外(そと) 밖 | **合格**(ごうかく)**する** 합격하다 | **感動的**(かんどうてき) 감동적 | **学生時代**(がくせいじだい) 학창 시절 | **野球**(やきゅう) 야구 | **選手**(せんしゅ) 선수

❷ 〜そうだ　　　　　　　　〜한 것 같다〈양태, 추측〉

❶ **동사 :** ます형 + そうだ

雨が降りそうです。

赤ちゃんが泣きそうです。

❷ **い형용사 :** 어간 + そうだ

ラーメンがとてもおいしそうです。

先生の時計は高そうです。

> 예외　ない → なさそうだ / よい → よさそうだ

❸ **な형용사 :** 어간 + そうだ

この車は丈夫そうです。

子供たちはみんな元気そうです。

❹ **수식형 :** そうな + 명사 / そうに + 동사

おいしそうなラーメンですね。

おいしそうに食べています。

 단어

赤(あか)ちゃん 아기 | 泣(な)く 울다 | 丈夫(じょうぶ)だ 튼튼하다

GRAMMAR

③ 복합어 : 동사의 ます형 + 접미어

1. ~やすい　　　　　～하기 쉽다 (용이함, 간편함의 뜻을 더하는 접미어)

この料理は簡単で、とても作りやすいです。
先生の説明は面白いし、分かりやすいです。

2. ~にくい　　　　　～하기 어렵다 (어려움, 불편함의 뜻을 더하는 접미어)

日本語の漢字は読みにくいです。
この服はきれいですけど、とても着にくいです。

3. ~すぎる　　　　　지나치게 ～하다 (지나침, 과도함의 뜻을 더하는 접미어)

飲みすぎて、頭が痛いです。
この頃食べすぎて、太ってしまいました。

④ ~(ない)ように　　～하(지 않)도록 〈권유〉

1. ~ように　　　　　～하도록

明日までにレポートを提出するようにしてください。
毎日規則的に運動するように。

2. ~ないように　　　～하지 않도록

授業に遅れないように気をつけています。
あまり急がないように。

단어

簡単(かんたん)だ 간단하다 | 説明(せつめい) 설명 | 服(ふく) 옷 | 着(き)る 입다 | 頭(あたま)が痛(いた)い 머리가 아프다 | 太(ふと)る 살찌다 | レポート 리포트 | 提出(ていしゅつ) 제출 | 規則的(きそくてき) 규칙적 | 授業(じゅぎょう)に遅(おく)れる 수업에 늦다 | 気(き)をつける 조심하다 | 急(いそ)ぐ 서두르다

LET'S TALK

I 다음 보기와 같이 연습해 보세요.　　　　　　　　🎧 MP3 07-2

> |보기|
> A: Bさん、知っていますか。
> B: え、何ですか。
> A: ニュースによると
> 　　日本で韓国のドラマがとても人気があるそうです。

1　天気予報 / 明日は雨だ

2　新聞 / 物価が上がる

3　雑誌 / 今年はこのファッションが流行る

4　ニュース / 来年も不景気が続く

5　姜さんの話 / 学生時代とても人気があった

ドラマ 드라마 | 人気(にんき) 인기 | 新聞(しんぶん) 신문 | 物価(ぶっか) 물가 | 上(あ)がる 오르다 | 雑誌(ざっし) 잡지 | ファッション 패션 | 流行(はや)る 유행하다 | 不景気(ふけいき) 불경기 | 続(つづ)く 계속되다, 이어지다

Lesson 07 | 今にも雨が降り出しそうですね。　75

LET'S TALK

Ⅱ 다음 보기와 같이 연습해 보세요.

| 보기 | テーブルの上(うえ)のペン / 落(お)ちる
→ テーブルの上(うえ)のペンが落(お)ちそうですよ。

1 シャツのボタン / 取(と)れる

2 キムチ / 本当(ほんとう)に辛(から)い

3 家(いえ) / 倒(たお)れる

4 ケーキ / おいしい

5 くつ / はきやすい

テーブル 테이블 | **落(お)ちる** 떨어지다 | **シャツ** 셔츠 | **ボタン** 단추 | **取(と)れる** 떨어지다, 빠지다 | **倒(たお)れる** 무너지다, 쓰러지다 | **はく** (신발·양말 등을) 신다 | **はきやすい** 신기 편하다

EXERCISE

다음 빈칸에 알맞은 말을 넣어 보세요.

① 일기예보에 의하면 올해 겨울은 따뜻할 거라고 합니다.

天気予報 _____

② 선생님의 설명은 정말 이해하기 쉽다고 합니다.

先生の _____

③ 그녀는 비싸 보이는 액세서리를 하고 있습니다.

彼女は _____

④ 가능한 한 일본어로 말하도록 해 주세요.

なるべく _____

⑤ 여권을 잃어버리지 않도록 주의하세요.

パスポートを _____

 단어

暖(あたた)かい 따뜻하다 | 説明(せつめい) 설명 | アクセサリー 액세서리 | なるべく 가능한 한 | パスポート 여권 | 忘(わす)れる 잃어버리다 | 注意(ちゅうい)する 주의하다

EXERCISE

한자 연습

説 말씀 설
- 음독: せつ/ぜつ
- 훈독: 説(と)く
- 획순: 丶 亠 ㄗ 言 言 言 言 訓 訓 訓 説 説

明 밝을 명
- 음독: 明(めい) / 明(みょう)
- 훈독: 明(あか)るい / 明(あ)ける / 明(あき)らか
- 획순: 1 П Ħ 日 日' 明 明 明

説明 せつめい / 설명

小説 しょうせつ / 소설

明示 めいじ / 명시

明日 あした / 내일

외래어 연습

ラジオ 라디오

アクセサリー 액세서리

FUN & TALK

다음의 그림을 보고 그 느낌을 말해 보세요.

～そうですね

しあわ
幸せだ
행복하다

たいへん
大変だ
힘들다

さび
寂しい
쓸쓸하다

あたま
頭がいい
머리가 좋다

かね
お金がない
돈이 없다

いそが
忙しい
바쁘다

いた
痛い
아프다

おもしろ
面白い
재미있다

ふあん
不安だ
불안하다

やさ
優しい
상냥하다

げんき
元気だ
건강하다

LESSON 08

山田さんはたぶん長生きするでしょう。
야마다 씨는 아마 오래 살 거예요.

표현 익히기   추측 표현 ～かもしれない / ～だろう / ～はずだ, ～はずがない

💬 Dialogue

🎧 MP3 08-1

姜： 山田さん、知っていますか。
　　 韓国の男性の中で２５％以上の人が癌にかかるそうですよ。

山田： え？まさか。そんなに多くの人が癌にかかるんですか。

姜： それで、健康保険に加入しておこうと思っています。
　　 僕も癌にかかるかもしれませんから。

山田： そうですか。僕も急に健康のことが心配になりました。

姜： ハハ、心配しなくてもいいですよ。
　　 山田さんが癌にかかるはずがありません。
　　 タバコもお酒もしないし、毎日規則的に運動するし。
　　 山田さんはたぶん長生きするでしょう。

山田： いや、僕はストレスに弱いので…。
　　 お酒やタバコよりストレスの方が体に悪いかも…。

姜： またストレスの話ですか。
　　 あまり心配しないで、韓国の生活を楽しんでください。

강한척： 야마다 씨, 알고 있어요?
　　 한국 남자들 중에서 25% 이상이 암에 걸린다고 합니다.
야마다： 네? 설마요. 그렇게 많은 사람이 암에 걸립니까?
강한척： 그래서 건강보험에 가입해 두려고 합니다.
　　 저도 암에 걸릴지 모르니까요.
야마다： 그래요? 저도 갑자기 건강이 걱정되네요.
강한척： 하하, 걱정하지 않아도 됩니다.
　　 야마다 씨가 암에 걸릴 리가 없어요.
　　 담배도 술도 안 하고, 매일 규칙적으로 운동하고.
　　 야마다 씨는 아마 오래 살 거예요.
야마다： 아니, 전 스트레스에 약해서…….
　　 술, 담배보다 스트레스가 몸에 더 안 좋을지도…….
강한척： 또 스트레스 이야기인가요?
　　 너무 걱정마시고 한국에서의 생활을 즐겨 주세요.

🔍 단어

男性(だんせい) 남성 | **癌**(がん) 암 | **かかる** 걸리다 | **まさか** 설마 | **健康**(けんこう) 건강 | **保険**(ほけん) 보험 | **加入**(かにゅう)**する** 가입하다 | **~ておく** ~해 두다, ~해 놓다 | **~はずがない** ~일 리가 없다 | **規則的**(きそくてき) 규칙적 | **たぶん** 아마 | **長生**(ながい)**きする** 장수하다 | **ストレス** 스트레스 | **弱**(よわ)**い** 약하다 | **~ので** ~이므로 | **生活**(せいかつ) 생활 | **楽**(たの)**しむ** 즐기다

GRAMMAR

1 ～かもしれない　　～일지도 모른다
　～かもしれません　～일지도 모릅니다

❶ **동사:** る / ている / た

来年結婚するかもしれません。

どこかで遊んでいるかもしれません。

もう会社を辞めたかもしれません。

❷ **い형용사:** い / かった

高いかもしれません。

寒かったかもしれません。

❸ **な형용사:** 어간 / だった

ちょっと不便かもしれません。

有名だったかもしれません。

❹ **명사:** 명사 / だった

学生かもしれません。

恋人だったかもしれません。

結婚(けっこん)する 결혼하다 | どこかで 어딘가에서 | 遊(あそ)ぶ 놀다 | もう 이미, 벌써 | 辞(や)める 그만두다 | 不便(ふべん)だ 불편하다 | 恋人(こいびと) 연인

❷ ～だろう / ～でしょう

～이겠지
～이겠지요

❶ 동사: る / ている / た

彼はきっと来るでしょう。
今図書館で勉強しているでしょう。
もう出発したでしょう。

❷ い형용사: い / かった

たぶんとても忙しいでしょう。
パーティーは楽しかったでしょう。

❸ な형용사: 어간 / だった

とても便利でしょう。
有名だったでしょう。

❹ 명사: 명사 / だった

明日は晴れでしょう。
いい先生だったでしょう。

 단어

きっと 꼭, 반드시 | 図書館(としょかん) 도서관 | 出発(しゅっぱつ) 출발 | たぶん 아마 | 便利(べんり)だ 편리하다 | 晴(は)れ 맑음

GRAMMAR

> **③ ～はずだ**　　～일 것이다 〈단정, 강한 추측〉
> **　～はずがない**　～일 리가 없다 〈단정, 강한 추측〉

❶ 동사：る / ている / た

昨日ボーナスをもらったからお金があるはずです。
姜さんは山田さんの電話番号を知っているはずです。
真面目な田中さんが無断欠席したはずがないです。

❷ い형용사：い / かった

彼はとても有名なシェフだから、彼の料理はおいしいはずです。
気が合わない二人のデートが楽しかったはずがないです。

❸ な형용사：な / だった

彼は幼い頃から日本に住んでいて日本語が上手なはずです。
飛行機のファーストクラスが不便なはずがないです。

❹ 명사：の / だった

全国の受験生が知っている有名な先生だったはずです。
親切で優しい彼が犯人のはずがないです。

단어

昨日(きのう) 어제 | ボーナス 보너스 | もらう 받다 | お金(かね) 돈 | 電話番号(でんわばんごう) 전화번호 | 知(し)る 알다 | 真面目(まじめ)だ 성실하다 | 無断欠席(むだんけっせき) 무단결석 | 有名(ゆうめい)だ 유명하다 | シェフ 셰프 | 料理(りょうり) 요리 | おいしい 맛있다 | 気(き)が合(あ)わない 마음이 맞지않다 | 二人(ふたり) 두사람 | デート 데이트 | 樂(たの)しい 즐겁다 | 幼(おさな)い 어리다 | 頃(ころ) 때, 즈음 | 住(す)む 살다 | 飛行機(ひこうき) 비행기 | ファーストクラス 퍼스트 클래스 | 不便(ふべん)だ 불편하다 | 全国(ぜんこく) 전국 | 受験生(じゅけんせい) 수험생 | 親切(しんせつ)だ 친절하다 | 優(やさ)しい 상냥하다 | 犯人(はんにん) 범인

LET'S TALK

I 다음 보기와 같이 연습해 보세요.　　　🎧 MP3 08-2

> [보기]
> A: ナさんがきれいな服を着ていますね。
> B: そうですね。今日お見合いするかもしれません。

1 A: 姜さんが遅いですね。
　B: (残業がある)

2 A: 山田さんが嬉しそうですね。
　B: (デートがある)

3 A: 田中さんが寂しそうですね。
　B: (失恋した)

4 A: ナさんが悲しそうですね。
　B: (試験に落ちた)

단어

お見合(みあ)いする 맞선 보다 | 嬉(うれ)しい 기쁘다 | 寂(さび)しい 쓸쓸하다 | 失恋(しつれん)する 실연하다 | 悲(かな)しい 슬프다

LET'S TALK

II 다음 보기와 같이 연습해 보세요.

> |보기|
> A: 今頃、金さんは何をしているでしょうか。
> B: そうですね。たぶん友達と遊んでいるでしょう。

1. A: 先生はどんな料理が好きでしょうか。
   B: (日本料理が好きだ)

2. A: 中村さんはパーティーに来るでしょうか。
   B: (来ない)

3. A: 今年の試験は難しいでしょうか。
   B: (かなり難しい)

4. A: 今頃、日本に着いたでしょうか。
   B: (もう着いた)

5. A: あの人は誰でしょうか。
   B: (姜さんの友達)

今頃(いまごろ) 지금쯤 | **たぶん** 아마도 | **パーティー** 파티 | **かなり** 꽤, 상당히 | **着**(つ)く 도착하다

Ⅲ 다음 보기와 같이 연습해 보세요.

|보기|
A: 金さんは勉強をしているでしょう。
B: いいえ、金さんが勉強をしているはずがないです。

1 彼女は今年就職する

2 山田さんはナさんと結婚する

3 今、山田さんはお酒を飲んでいる

4 金さんは来年会社を辞める

5 あの映画は面白い

就職(しゅうしょく)する 취직하다 | 辞(や)める 그만두다

EXERCISE

다음 빈칸에 알맞은 말을 넣어 보세요.

① 선생님은 매우 기뻐할 거예요. (大変 / 喜ぶ)

　　先生は _____

② 지금쯤 친구들이랑 술 마시고 있을 거예요. (お酒を飲む)

　　今頃 _____

③ 내일은 휴일이니까 한가할 거예요. (暇だ)

　　明日は _____

④ 회의에 좀 늦을지도 모르겠습니다. (遅れる)

　　会議に _____

⑤ 그녀가 모를 리가 없습니다. (知らない)

　　彼女が _____

🔍 **단어**

大変(たいへん) 매우 | **喜**(よろこ)**ぶ** 기뻐하다 | **休**(やす)**み** 휴일 | **ちょっと** 좀, 조금 | **遅**(おく)**れる** 늦다

한자 연습

외래어 연습

ボーナス 보너스

| ボーナス | ボーナス | ボーナス | ボーナス |

パーティー 파티

| パーティー | パーティー | パーティー | パーティー |

FUN & TALK

여러분의 상상력을 발휘하여 그림을 보면서 어떤 상황인지를 말해 보세요.

～かもしれません

A 강한척 씨가 회사를 결근하다

1
家(いえ)で休(やす)んでいる
집에서 쉬고 있다

2
ストレスでお酒(さけ)を飲(の)んでいる
스트레스로 술을 마시고 있다

4
事故(じこ)で入院(にゅういん)した
사고로 입원했다

3
出張(しゅっちょう)に行(い)った
출장을 갔다

5
旅行(りょこう)に行(い)った
여행을 갔다

B 나민아 씨가 꽃단장하고 기뻐하고 있다

1. コンサートに行く
   콘서트에 가다

2. デートがある
   데이트가 있다

4. 先生のお宅を訪問する
   선생님 댁을 방문하다

3. お見合いをする
   맞선을 보다

5. 誕生日
   생일

うきうき
우키우키 일본어
해석 및 정답

LESSON 01
ちょっとスマホを借りてもいいですか。

GRAMMAR

1 〜てもいいです ~해도 좋습니다

① インターネットで申し込んでもいいです。
인터넷으로 신청해도 좋습니다.
予約をキャンセルしてもいいです。
예약을 취소해도 괜찮습니다.

② サイズは小さくてもいいです。
사이즈는 작아도 괜찮습니다.
部屋は狭くてもいいです。 방은 좁아도 괜찮습니다.

③ 交通は少し不便でもいいです。
교통은 조금 불편해도 괜찮습니다.
料理は下手でもいいです。 요리는 못해도 괜찮습니다.

④ 安物でもいいです。 싼 물건이라도 괜찮습니다.
古着でもいいです。 헌옷이라도 괜찮습니다.

⑤ 何でもいいです。 무엇이든 괜찮습니다.
いつでもいいです。 언제든 괜찮습니다.
だれでもいいです。 누구든 괜찮습니다.

2 〜てはいけません/〜てはだめです
~해서는 안됩니다

① 危ない所に行ってはいけません。
(=てはだめです) 위험한 곳에 가면 안됩니다.
うそをついてはいけません。
(=てはだめです) 거짓말을 하면 안됩니다.

② 値段は高くてはいけません。
(=てはだめです) 가격은 비싸면 안됩니다.
駅が遠くてはいけません。
(=てはだめです) 역이 멀면 안됩니다.

③ 交通が不便ではいけません。
(=ではだめです) 교통이 불편해서는 안됩니다.
日本語が下手ではいけません。
(=ではだめです) 일본어를 못해서는 안됩니다.

④ 古いモデルではいけません。
(=ではだめです) 오래된 모델이어서는 안됩니다.
この成績ではいけません。
(=てはだめです) 이 성적으로는 안됩니다.

LESSON 02
キャンプに行ったりドライブしたりします。

GRAMMAR

1 〜たり…たりする ~하거나…하거나 하다

① 教室の前を行ったり来たりします。
교실 앞을 왔다갔다 합니다.
歌を歌ったり踊ったりします。
노래를 부르거나 춤을 추거나 합니다.
赤ちゃんは泣いたり笑ったりします。
아기는 울기도 하고 웃기도 합니다.

② 日本語の授業は易しかったり難しかったりします。 일본어 수업은 쉽기도 하고 어렵기도 합니다.
雰囲気は良かったり悪かったりします。
분위기는 좋기도 하고 나쁘기도 합니다.

③ バスは便利だったり不便だったりします。
버스는 편리하기도 하고 불편하기도 합니다.
日本語の会話は上手だったり下手だったりします。 일본어 회화는 잘하기도 하고 못하기도 합니다.

④ 支払いは現金だったりカードだったりします。 지불은 현금이거나 카드이거나 합니다.
朝食はパンだったりご飯だったりします。
아침 식사는 빵이거나 밥이거나 합니다.

LESSON 03
土曜日にも残業をしなければなりません。

GRAMMAR

1 ～なければならない ~하지 않으면 안 된다, ~해야만 한다

① 漢字を覚えなければなりません。
한자를 외워야 합니다. (외우지 않으면 안 됩니다.)
土曜日にも残業しなければなりません。
토요일에도 야근해야 합니다. (야근하지 않으면 안 됩니다.)

② 新しくなければなりません。
새로워야 합니다. (새롭지 않으면 안 됩니다.)
面白くなければなりません。
재미있어야 합니다. (재미있지 않으면 안 됩니다.)

③ 静かで[じゃ]なければなりません。
조용해야 합니다. (조용하지 않으면 안 됩니다.)
新鮮で[じゃ]なければなりません。
신선해야 합니다. (신선하지 않으면 안 됩니다.)

④ あなたで[じゃ]なければなりません。
당신이어야만 합니다. (당신이 아니면 안 됩니다.)
今日で[じゃ]なければなりません。
오늘이어야만 합니다. (오늘이 아니면 안 됩니다.)

2 ～なくてもいい ~하지 않아도 된다

① そんなに心配しなくてもいいです。
그렇게 걱정하지 않아도 됩니다.
週末には働かなくてもいいです。
주말에는 일하지 않아도 됩니다.

② 新しくなくてもいいです。 새롭지 않아도 됩니다.
広くなくてもいいです。 넓지 않아도 됩니다.

③ 静かで[じゃ]なくてもいいです。
조용하지 않아도 됩니다.
新鮮で[じゃ]なくてもいいです。
신선하지 않아도 됩니다.

④ あなたで[じゃ]なくてもいいです。
당신이 아니어도 됩니다.
今日で[じゃ]なくてもいいです。
오늘이 아니어도 됩니다.

3 ～のに ~인데도, ~함에도

いっぱい食べたのに、また食べたいです。
많이 먹었는데도, 또 먹고싶습니다.
彼はハンサムなのに、人気がありません。
그는 잘생겼는데도 인기가 없습니다.
明日が試験なのに、遊んでいます。
내일이 시험인데도 놀고 있습니다.

LESSON 04
まっすぐ行くと消防署があります。

GRAMMAR

1 ～ば ~(하)면

1. 동사의 어미 え단+～ば

雨が降れば、行きません。 비가 내리면 가지 않습니다.
機会があれば、日本へ遊びに行きたいです。
기회가 있으면 일본에 놀러가고 싶습니다.
ナさんが行けば、田中さんも行くでしょう。
나 씨가 가면 다나카 씨도 갈 것입니다.

2. い형용사의 어간+～ければ

天気が良ければ、ハイキングに行きます。
날씨가 좋으면 하이킹을 갑니다.
値段が高ければ、買いません。
가격이 비싸면 사지 않습니다.

忙しければ、来なくてもいいです。
바쁘면 오지 않아도 됩니다.

3. **い로 끝나는 조동사의 어간 + ～ければ**

泣きたければ、泣いてもいいです。
울고 싶으면 울어도 괜찮습니다.

食べたければ、何でも食べてもいいです。
먹고 싶으면 뭐든지 먹어도 괜찮습니다.

会社を辞めたければ、辞めてもいいです。
회사를 그만두고 싶으면 그만둬도 괜찮습니다.

2 ～と ~(하)면

1. **동사의 기본형 + ～と**

この道をまっすぐ行くと駅があります。
이 길을 곧장 가면 역이 있습니다.

このスイッチを押すと電気が消えます。
이 스위치를 누르면 불이 꺼집니다.

2に3を足すと5になります。 2에 3을 더하면 5가 됩니다.

2. **동사의 ない형 + ～ないと**

運動しないと太ります。 운동하지 않으면 살찝니다.

毎日練習しないと下手になります。
매일 연습하지 않으면 서툴게 됩니다.

明日までに書類を出さないと入学できません。
내일까지 서류를 내지 않으면 입학할 수 없습니다.

3 ～ので ~이므로

今日は疲れたので、早く家に帰ります。
오늘은 피곤하므로 일찍 집에 돌아갑니다.

熱があるので、少し休みます。
열이 있으므로 조금 쉽니다.

試験を受けなければならないので、勉強します。
시험을 봐야 하므로 공부합니다.

LESSON 05
早く病院に行ったらどうですか。

GRAMMAR

1 ～なら ~라면

❶ 日本料理を食べるならおすしがいいですね。
일본 요리를 먹는다면 초밥이 좋겠네요.

デートをするならこのドライブコースがいいですよ。 데이트를 한다면 이 드라이브 코스가 좋아요.

❷ 忙しいなら来なくてもいいです。
바쁘다면 오지 않아도 괜찮습니다.

おいしくないなら食べなくてもいいです。
맛이 없다면 먹지 않아도 괜찮습니다.

❸ 暇なら遊びに来てください。
한가하다면 놀러 오세요.

心配なら連絡してみてください。
걱정된다면 연락해 보세요.

❹ 日本語なら自信あります。
일본어라면 자신 있습니다.

今週の土曜日なら大丈夫です。
이번 주 토요일이라면 괜찮습니다.

2 ～たら ~하면

❶ 仕事が終わったら、飲みに行きましょう。
일이 끝나면 마시러 갑시다.

家に着いたら、電話してください。
집에 도착하면 전화해주세요.

❷ 辛かったらお水をどうぞ。 매우면 물을 드세요.

他の店より高かったら弁償します。
다른 가게보다 비싸면 변상하겠습니다.

❸ 不便だったらいつでも言ってください。
불편하다면 언제든지 말해 주세요.

不安だったら確認してみてください。
불안하다면 확인해 봐 주세요.

④ 重要な話だったら後でしましょう。
중요한 이야기라면 나중에 합시다.

あの立場だったらだれでもそうすると思います。 그 입장이라면 누구라도 그렇게 할 것 같습니다.

3 ~たらどうですか ~하는 것이 어때요?

少し休んだらどうですか。 조금 쉬는 게 어때요?

先生に聞いてみたらどうですか。
선생님께 물어보는 게 어때요?

LESSON 06
山田さんはいつまで韓国にいる予定ですか。

GRAMMAR

1 의지·계획·예정 표현

1. **동사의 기본형+~つもりだ**

   来年、留学に行くつもりです。
   내년에 유학을 갈 생각입니다.

   日本語能力試験を受けるつもりです。
   일본어 능력시험을 볼 생각입니다.

2. **동사의 ない형+~つもりだ**

   あそこにはもう二度と行かないつもりです。
   그곳에는 이제 두번다시는 가지않을 생각입니다.

   大学院には進学しないつもりです。
   대학원에는 진학하지않을 생각입니다.

3. **동사의 기본형+~予定だ**

   2時から会議がある予定です。
   2시부터 회의가있을 예정입니다.

   飛行機は午後4時に到着する予定です。
   비행기는 오후 4시에 도착할 예정입니다.

4. **동사의 의지형+~と思っている**

   タバコをやめようと思っています。
   담배를 끊으려고 생각하고 있습니다.

   明日の朝早く出発しようと思っています。
   내일 아침 일찍 출발하려고 생각하고 있습니다.

3 목적 표현

1. **동사의 기본형+~ために**

   大学に入るために、一生懸命勉強します。
   대학에 들어가기 위해서 열심히 공부합니다.

   家を買うために、貯金します。
   집을 사기 위해서 저축합니다.

2. **명사+~のために**

   健康のために運動しています。
   건강을 위해 운동하고 있습니다.

   発表のために資料を集めます。
   발표를 위해 자료를 모읍니다.

LESSON 07
今にも雨が降り出しそうですね。

GRAMMAR

1 ~そうだ ~라고 하다

❶ 彼は明日来るそうです。 그는 내일 온다고 합니다.

外は今雨が降っているそうです。
밖은 지금 비가 내리고 있다고 합니다.

試験に合格したそうです。 시험에 합격했다고 합니다.

❷ この頃、会社の仕事でとても忙しいそうです。
요즘 회사 일로 매우 바쁘다고 합니다.

試験はとても易しかったそうです。
시험은 매우 쉬웠다고 합니다.

❸ 両親は元気だそうです。 부모님은 건강하시다고 합니다.

映画は本当に感動的だったそうです。
영화는 정말 감동적이었다고 합니다.

④ 彼女は日本語の先生だそうです。
그녀는 일본어 선생님이라고 합니다.

彼は学生時代、野球選手だったそうです。
그는 학창 시절 야구 선수였다고 합니다.

2 ～そうだ ~한것같다

① 雨が降りそうです。 비가올것같습니다.

赤ちゃんが泣きそうです。 아기가울것같습니다.

② ラーメンがとてもおいしそうです。
라면이 매우 맛있어 보입니다.

先生の時計は高そうです。
선생님의 시계는 비쌀 것 같습니다.

　　예외　ない → なさそうだ 없을것같다
　　　　　よい → よさそうだ 좋을것같다

③ この車は丈夫そうです。 이자동차는 튼튼해 보입니다.

子供たちはみんな元気そうです。
아이들은 모두 건강해 보입니다.

④ おいしそうなラーメンですね。
맛있어 보이는 라면이네요.

おいしそうに食べています。
맛있어 보이게 먹고 있습니다.

3 복합어:동사의ます형+접미어

1. **～やすい**

この料理は簡単で、とても作りやすいです。
이 요리는 간단해서 매우 만들기 쉽습니다.

先生の説明は面白いし、分かりやすいです。
선생님의 설명은 재미있고 이해하기 쉽습니다.

2. **～にくい**

日本語の漢字は読みにくいです。
일본어 한자는 읽기 어렵습니다.

この服はきれいですけど、とても着にくいです。
이옷은 예쁘지만, 입기가 매우 어렵습니다.

3. **～すぎる**

飲みすぎて、頭が痛いです。
술을 너무 많이 마셔서(과음해서) 머리가 아픕니다.

この頃食べすぎて、太ってしまいました。
요즘 너무 많이 먹어서(과식해서) 살이 쪄 버렸습니다.

4 ～(ない)ように ~하(지않)도록

1. **～ように**

明日までにレポートを提出するようにしてください。 내일까지 리포트를 제출하도록 해주세요.

毎日規則的に運動するように。
매일 규칙적으로 운동하도록.

2. **～ないように**

授業に遅れないように気をつけています。
수업에 지각하지 않도록 주의하고 있습니다.

あまり急がないように。 너무 서두르지않도록.

LESSON 08
山田さんはたぶん長生きするでしょう。

GRAMMAR

1 ～かもしれない ~일지도 모른다
  ～かもしれません ~일지도 모릅니다

① 来年結婚するかもしれません。
내년에 결혼할지도 모릅니다.

どこかで遊んでいるかもしれません。
어딘가에서 놀고 있을지도 모릅니다.

もう会社を辞めたかもしれません。
이미 회사를 그만두었을지도 모릅니다.

② 高いかもしれません。 비쌀지도 모릅니다.

寒かったかもしれません。 추웠을지도 모릅니다.

③ ちょっと不便かもしれません。
조금 불편할지도 모릅니다.

有名だったかもしれません。
유명했을지도 모릅니다.

❹ 学生かもしれません。 학생일지도 모릅니다.

恋人だったかもしれません。
연인이었을지도 모릅니다.

2 　**〜だろう** ~이겠지
　　　〜でしょう ~이겠지요

❶ 彼はきっと来るでしょう。
그는 분명 오겠지요.

今図書館で勉強しているでしょう。
지금 도서관에서 공부하고 있겠지요.

もう出発したでしょう。
이미 출발했겠지요.

❷ たぶんとても忙しいでしょう。 아마도 매우 바쁘겠지요.

パーティーは楽しかったでしょう。
파티는 즐거웠겠지요.

❸ とても便利でしょう。 아주 편리하겠지요.

有名だったでしょう。 유명했겠지요.

❹ 明日は晴れでしょう。 내일은 맑음이겠지요.

いい先生だったでしょう。 좋은 선생님이었겠지요.

3 　**〜はずだ** ~일 것이다
　　　〜はずがない ~일 리가 없다

❶ 昨日ボーナスをもらったからお金がある
はずです。 어제 보너스를 받았으니 돈이 있을 것입니다.

姜さんは山田さんの電話番号を知っている
はずです。 강씨는 야마다 씨의 전화번호를 알고 있을 것입니다.

真面目な田中さんが無断欠席したはずが
ないです。 성실한 다나카 씨가 무단결석했을 리가 없습니다.

❷ 彼はとても有名なシェフだから、彼の料
理はおいしいはずです。
그는 매우 유명한 셰프이니까 그의 요리는 맛있을 것입니다.

気が合わない二人のデートが楽しかった
はずがないです。
마음이 맞지 않는 두 사람의 데이트가 즐거웠을 리가 없습니다.

❸ 彼は幼い頃から日本に住んでいて日本語
が上手なはずです。
그는 어릴 적부터 일본에 살아서 일본어를 잘할 것입니다.

飛行機のファーストクラスが不便なはず
がないです。
비행기 퍼스트 클래스가 불편할 리가 없습니다.

❹ 全国の受験生が知っている有名な先生だ
ったはずです。
전국의 수험생이 알고 있는 유명한 선생님이었을 것입니다.

親切で優しい彼が犯人のはずがないです。
친절하고 상냥한 그가 범인일 리가 없습니다.

LESSON 01
ちょっとスマホを借りてもいいですか。

LET'S TALK

Ⅰ

1. A: 教室でお酒を飲んでもいいですか。
   교실에서 술을 마셔도 됩니까?
   B: いいえ、教室でお酒を飲んではいけません。 아니요, 교실에서 술을 마시면 안 됩니다.

2. A: 2～3日会社を休んでもいいですか。
   2~3일 회사를 쉬어도 됩니까?
   B: いいえ、2～3日会社を休んではいけません。 아니요, 2~3일 회사를 쉬면 안 됩니다.

3. A: 全部食べてもいいですか。
   전부 먹어도 됩니까?
   B: いいえ、全部食べてはいけません。
   아니요, 전부 먹으면 안 됩니다.

4. A: ここで写真を撮ってもいいですか。
   여기서 사진을 찍어도 됩니까?
   B: いいえ、ここで写真を撮ってはいけません。 아니요, 여기서 사진을 찍으면 안 됩니다.

5. A: 授業中、韓国語で話してもいいですか。
   수업 중 한국어로 이야기해도 됩니까?
   B: いいえ、授業中、韓国語で話してはいけません。
   아니요, 수업 중에 한국어로 이야기하면 안 됩니다.

Ⅱ

1. A: 遊びに行ってもいいですか。 놀러가도 됩니까?
   B: はい、いいですよ。 네, 괜찮아요. /
   いいえ、いけません。 아니요, 안 됩니다.

2. A: ドアを開けてもいいですか。
   문을 열어도 됩니까?
   B: はい、いいですよ。 /
   いいえ、いけません。

3. A: デザインが古くてもいいですか。
   디자인이 오래된 것이어도 괜찮습니까?
   B: はい、いいですよ。 /
   いいえ、いけません。

4. A: 日本語が下手でもいいですか。
   일본어를 잘 못해도 됩니까?
   B: はい、いいですよ。 /
   いいえ、いけません。

5. A: 安いプレゼントでもいいですか。
   싼 선물이라도 괜찮습니까?
   B: はい、いいですよ。 /
   いいえ、いけません。

EXERCISE

1. いつでも遊びに来てもいいです。
2. 何でも使ってもいいです。
3. 欠席してはいけません。
4. お酒を飲んで運転してはいけません。
5. お金がなくてもいいです。

LESSON 02
キャンプに行ったりドライブしたりします。

LET'S TALK

I

1. A: 暇な時、何をしますか。
한가할 때 무엇을 합니까?
   B: インターネットをしたり、ゲームをしたりします。 인터넷을 하거나 게임을 하거나 합니다.

2. A: 暇な時、何をしますか。
   B: 本を読んだり、音楽を聞いたりします。
책을 읽거나 음악을 듣거나 합니다.

3. A: 暇な時、何をしますか。
   B: お酒を飲んだり、タバコを吸ったりします。 술을 마시거나 담배를 피우거나 합니다.

4. A: 暇な時、何をしますか。
   B: テレビを見たり、ごろごろしたりします。
텔레비전을 보거나 빈둥거리거나 합니다.

5. A: 暇な時、何をしますか。
   B: 買い物をしたり、料理を作ったりします。
쇼핑을 하거나 요리를 만들거나 합니다.

II

1. A: 日本語の授業はどうですか。
일본어 수업은 어떻습니까?
   B: 易しかったり難しかったりします。
쉽기도 하고 어렵기도 합니다.

2. A: 成績はどうですか。
성적은 어떻습니까?
   B: 良かったり悪かったりします。
좋기도 하고 나쁘기도 합니다.

3. A: 気温はどうですか。 기온은 어떻습니까?
   B: 暖かかったり寒かったりします。
따뜻하기도 하고 춥기도 합니다.

4. A: 日本語の会話はどうですか。
일본어 회화는 어떻습니까?
   B: 上手だったり下手だったりします。
잘하기도 하고 잘 못하기도 합니다.

5. A: クラスの雰囲気はどうですか。
교실 분위기는 어떻습니까?
   B: 静かだったり賑やかだったりします。
조용하기도 하고 시끄럽기도 합니다.

III

1. A: 公園では何をしますか。
공원에서는 무엇을 합니까?
   B: 散歩したりデートをしたりします。
산책하기도 하고 데이트를 하기도 합니다.

2. A: カラオケでは何をしますか。
노래방에서는 무엇을 합니까?
   B: 歌を歌ったり踊ったりします。
노래를 부르기도 하고 춤추기도 합니다.

3. A: 喫茶店では何をしますか。
찻집에서는 무엇을 합니까?
   B: コーヒーを飲んだり友達に会ったりします。 커피를 마시기도 하고 친구를 만나기도 합니다.

4. A: コンビニでは何をしますか。
편의점에서는 무엇을 합니까?
   B: カップラーメンを食べたりお菓子を買ったりします。 컵라면을 먹기도 하고 과자를 사기도 합니다.

5. A: 郵便局では何をしますか。
우체국에서는 무엇을 합니까?
   B: 手紙を出したり小包を送ったりします。
편지를 부치기도 하고 소포를 보내기도 합니다.

6. A: 教室では何をしますか。
교실에서는 무엇을 합니까?
   B: 勉強したりお弁当を食べたりします。
공부하기도 하고 도시락을 먹기도 합니다.

EXERCISE

1 赤ちゃんが泣いたり笑ったりします。
2 成績が上がったり下がったりします。
3 ドラマは面白かったりつまらなかったりします。
4 人によって親切だったり不親切だったりします。
5 交通手段は電車だったりバスだったりします。

LESSON 03
土曜日にも残業をしなければなりません。

LET'S TALK

Ⅰ

1 A: あなたの会社にはどんな規則がありますか。 당신 회사에는 어떤 규칙이 있습니까?
  B: 私の会社は、土曜日にも仕事をしなければなりません。
  우리 회사는 토요일에도 근무를 해야만 합니다.

2 A: あなたの会社にはどんな規則がありますか。
  B: 私の会社は、毎月テストを受けなければなりません。
  우리 회사는 매달 시험을 봐야만 합니다.

3 A: あなたの会社にはどんな規則がありますか。
  B: 私の会社は、ユニフォームを着なければなりません。
  우리 회사는 유니폼을 입어야만 합니다.

4 A: あなたの会社にはどんな規則がありますか。
  B: 私の会社は、毎週報告書を書かなければなりません。
  우리 회사는 매주 보고서를 써야만 합니다.

5 A: あなたの会社にはどんな規則がありますか。
  B: 私の会社は、毎年研修に行かなければなりません。 우리 회사는 매년 연수를 가야만 합니다.

Ⅱ

1 A: 土曜日にも会社に行かなければなりませんか。 토요일에도 회사에 가지 않으면 안 됩니까?
  B: いいえ、行かなくてもいいです。
  아니요, 가지 않아도 됩니다.

2 A: 全部読まなければなりませんか。
  전부 읽지 않으면 안 됩니까?
  B: いいえ、読まなくてもいいです。
  아니요, 읽지 않아도 됩니다.

3 A: 朝早く起きなければなりませんか。
  아침 일찍 일어나지 않으면 안 됩니까?
  B: はい、起きなければなりません。
  예, 일어나야 합니다.

4 A: 試験を受けなければなりませんか。
  시험을 보지 않으면 안 됩니까?
  B: はい、受けなければなりません。
  예, 봐야 합니다.

5 A: 毎日運動しなければなりませんか。
  매일 운동하지 않으면 안 됩니까?
  B: いいえ、運動しなくてもいいです。
  아니요, 운동하지 않아도 됩니다.

Ⅲ

1 A: 日本語で話さなくてもいいですか。
  일본어로 말하지 않아도 됩니까?
  B: いいえ、日本語で話さなければなりません。 아니요, 일본어로 말해야 합니다.

2 A: 履歴書を出さなくてもいいですか。
이력서를 제출하지 않아도 됩니까?

B: いいえ、履歴書は出さなければなりません。 아니요, 이력서는 제출해야 합니다.

3 A: ドアを閉めなくてもいいですか。
문을 닫지 않아도 됩니까?

B: いいえ、ドアは閉めなければなりません。
아니요, 문은 닫아야 합니다.

4 A: 予約をしなくてもいいですか。
예약을 하지 않아도 됩니까?

B: いいえ、予約はしなければなりません。
아니요, 예약은 해야 합니다.

5 A: 会社に連絡しなくてもいいですか。
회사에 연락하지 않아도 됩니까?

B: いいえ、会社に連絡しなければなりません。 아니요, 회사에 연락해야 합니다.

EXERCISE

1 約束は守らなければなりません。

2 明日までに決めなければなりません。

3 試験に合格しなければなりません。

4 日本語で書かなくてもいいです。

5 そんなに緊張しなくてもいいです。

LESSON 04
まっすぐ行くと消防署があります。

LET'S TALK

I

1 あなたが行けば私も行きます。
당신이 가면 저도 가겠습니다.

2 機会があれば日本に行きたいです。
기회가 있으면 일본에 가고싶습니다.

3 雨が降れば家にいます。
비가오면 집에 있겠습니다.

4 天気が良ければ遊びに行きます。
날씨가 좋으면 놀러가겠습니다.

5 時間がなければ行かなくてもいいです。
시간이 없으면 가지 않아도 됩니다.

II

1 ボタンを押すとドアが開きます。
버튼을 누르면 문이 열립니다.

2 お金を入れると切符が出ます。
돈을 넣으면 표가 나옵니다.

3 1に2を足すと3になります。
1에 2를 더하면 3이 됩니다.

4 この道をまっすぐ行くと駅があります。
이 길을 똑바로 가면 역이 있습니다.

5 勉強しないと成績が落ちます。
공부하지 않으면 성적이 떨어집니다.

6 何も食べないとやせます。
아무것도 먹지 않으면 마릅니다.

EXERCISE

1 日本語はどう勉強すればいいですか。

2 先生が行かなければ私も行きません。

3 このボタンを押すと電気がつきます。

4 2に3をかけると6になります。

5 この道をまっすぐ行くと右側にポストがあります。

LESSON 05
早く病院に行ったらどうですか。

LET'S TALK

Ⅰ

1　**A:** 服を買いたいんですが…。
　　옷을 사고 싶습니다만….
　　B: 服を買うなら東大門がいいですよ。
　　옷을 사는 거라면 동대문이 좋아요.

2　**A:** 韓国のお土産を買いたいんですが…。
　　한국 특산품을 사고 싶습니다만….
　　B: 韓国のお土産を買うならのりがいいですよ。
　　한국 특산품을 사는 거라면 김이 좋아요.

3　**A:** 遊園地に行きたいんですが…。
　　유원지에 가고 싶습니다만….
　　B: 遊園地に行くならエバーランドがいいですよ。
　　유원지에 가는 거라면 에버랜드가 좋아요.

4　**A:** 映画を見に行きたいんですが…。
　　영화를 보러가고 싶습니다만….
　　B: 映画を見に行くならメガボックスがいいですよ。
　　영화를 보러가는 거라면 메가박스가 좋아요.

5　**A:** ソウルの夜景を見たいんですが…。
　　서울의 야경을 보고 싶습니다만….
　　B: ソウルの夜景を見るなら南山がいいですよ。
　　서울의 야경을 보는 거라면 남산이 좋아요.

Ⅱ

1　**A:** もうすぐ仕事が終わります。
　　이제 곧 업무가 끝납니다.
　　B: 仕事が終わったら、電話してください。
　　업무가 끝나면 전화주세요.

2　**A:** もうすぐ駅に着きます。
　　이제 곧 역에 도착합니다.
　　B: 駅に着いたら、連絡してください。
　　역에 도착하거든 연락해 주세요.

3　**A:** とても眠いです。
　　매우 졸립니다.
　　B: 眠かったら、コーヒーを飲んでください。
　　졸립거든 커피를 마시세요.

4　**A:** 試験も終わって暇です。
　　시험도 끝나고 한가합니다.
　　B: 暇だったら、手伝ってください。
　　한가하면 도와주세요.

5　**A:** とても重要な話です。
　　매우 중요한 이야기입니다.
　　B: 重要な話だったら、後で話してください。
　　중요한 이야기라면 나중에 이야기하세요.

Ⅲ

1　**A:** コンピューターを買いたいんですが…。
　　컴퓨터를 사고 싶습니다만….
　　B: コンピューターを買いたいなら、竜山に行ったらどうですか。
　　컴퓨터를 사고 싶다면 용산에 가는 게 어떨까요?

2　**A:** のんびりしたいんですが…。
　　여유롭게 쉬고 싶습니다만….
　　B: のんびりしたいなら、温泉に行ったらどうですか。
　　여유롭게 쉬고 싶다면 온천에 가는 게 어떨까요?

3　**A:** 海に行きたいんですが…。
　　바다에 가고 싶습니다만….
　　B: 海に行きたいなら、釜山に行ったらどうですか。
　　바다에 가고 싶다면 부산에 가는 게 어떨까요?

4　**A:** 山に行きたいんですが…。
　　산에 가고 싶습니다만….
　　B: 山に行きたいなら、智異山に行ったらどうですか。
　　산에 가고 싶다면 지리산에 가는 게 어떨까요?

5　**A:** ダイエットしたいんですが…。
　　다이어트하고 싶습니다만….
　　B: ダイエットしたいなら、毎日運動したらどうですか。
　　다이어트하고 싶다면 매일 운동하는 게 어떨까요?

EXERCISE

1 今度の土曜日、暇なら映画を見に行きませんか。
2 東京なら行ったことがあります。
3 日本に着いたら連絡してください。
4 よくわからなかったら質問してください。
5 一度会ってみたらどうですか。

LESSON 06
山田さんはいつまで韓国にいる予定ですか。

LET'S TALK

I

1 A: 今週末、何をするつもりですか。
   이번 주말, 무엇을 할 생각입니까?
   B: そうですね。家で休むつもりです。
   글쎄요. 집에서 쉴 생각입니다.

2 A: 連休、何をするつもりですか。
   연휴에 무엇을 할 생각입니까?
   B: そうですね。旅行に行くつもりです。
   글쎄요. 여행을 갈 생각입니다.

3 A: 夏休み、何をするつもりですか。
   여름방학에 무엇을 할 생각입니까?
   B: そうですね。アルバイトをするつもりです。
   글쎄요. 아르바이트를 할 생각입니다.

4 A: 授業が終わってから、何をするつもりですか。 수업이 끝나고 나서 무엇을 할 생각입니까?
   B: そうですね。お茶を飲みに行くつもりです。 글쎄요. 차를 마시러 갈 생각입니다.

5 A: 大学を卒業してから、何をするつもりですか。 대학을 졸업하고 나서 무엇을 할 생각입니까?
   B: そうですね。大学院に進学するつもりです。 글쎄요. 대학원에 진학할 생각입니다.

II

1 A: いつ結婚するつもりですか。
   언제 결혼할 생각입니까?
   B: 来年結婚しようと思っています。
   내년에 결혼하려고 생각하고 있습니다.

2 A: いつ留学に行くつもりですか。
   언제 유학 갈 생각입니까?
   B: 再来年留学に行こうと思っています。
   내후년에 유학가려고 생각하고 있습니다.

3 A: いつ試験を受けるつもりですか。
   언제 시험을 칠 생각입니까?
   B: 今年試験を受けようと思っています。
   올해 시험을 치르고 생각하고 있습니다.

4 A: いつ引越すつもりですか。
   언제 이사할 생각입니까?
   B: 再来月引越そうと思っています。
   다다음 달에 이사하려고 생각하고 있습니다.

III

1 A: 何のために日本語を勉強しているんですか。 무엇 때문에 일본어를 공부하고 있습니까?
   B: 日本へ旅行に行くために日本語を勉強しています。
   일본에 여행가기 위해 일본어를 공부하고 있습니다.

2 A: 何のために日本語を勉強しているんですか。
   B: ネイティブと日本語で話すために日本語を勉強しています。
   네이티브와 일본어로 말하기 위해 일본어를 공부하고 있습니다.

3 A: 何のために日本語を勉強しているんですか。

B: 日本へ留学に行くために日本語を勉強しています。
일본에 유학 가기 위해 일본어를 공부하고 있습니다.

4 A: 何のために日本語を勉強しているんですか。

B: 就職のために日本語を勉強しています。
취직을 위해 일본어를 공부하고 있습니다.

EXERCISE

1 日本へ留学に行くつもりです。
2 旅行するためにアルバイトをするつもりです。
3 彼女とは二度と会わないつもりです。
4 来週日本へ出張に行く予定です。
5 来月から運動を始めようと思っています。

LESSON 07
今にも雨が降り出しそうですね。

LET'S TALK

I

1 A: Bさん、知っていますか。
B씨, 알고 있습니까?
B: え、何ですか。 예? 뭐죠?
A: 天気予報によると明日は雨だそうです。
일기예보에 따르면 내일은 비가 온다고 합니다.

2 A: Bさん、知っていますか。
B: え、何ですか。
A: 新聞によると物価が上がるそうです。
신문에 따르면 물가가 오른다고 합니다.

3 A: Bさん、知っていますか。
B: え、何ですか。
A: 雑誌によると今年はこのファッションが流行るそうです。
잡지에 따르면 올해는 이 패션이 유행한다고 합니다.

4 A: Bさん、知っていますか。
B: え、何ですか。
A: ニュースによると来年も不景気が続くそうです。
뉴스에 따르면 내년에도 불경기가 계속된다고 합니다.

5 A: Bさん、知っていますか。
B: え、何ですか。
A: 姜さんの話によると学生時代とても人気があったそうです。
강 씨의 이야기에 따르면 학창 시절 매우 인기가 있었다고 합니다.

II

1 シャツのボタンが取れそうですよ。
셔츠 단추가 떨어질 것 같아요.
2 キムチが本当に辛そうですよ。
김치가 정말 매울 것 같아요.
3 家が倒れそうですよ。
집이 무너질 것 같아요.
4 ケーキがおいしそうですよ。
케이크가 맛있을 것 같아요.
5 くつがはきやすそうですよ。
구두가 신기 편할 것 같아요.

EXERCISE

1 天気予報によると、今年の冬は暖かいそうです。
2 先生の説明は本当に分かりやすいそうです。
3 彼女は高そうなアクセサリーをしています。
4 なるべく日本語で話すようにしてください。

5 パスポートを忘れないように注意してください。

LESSON 08
山田さんはたぶん長生きするでしょう。

LET'S TALK

Ⅰ

1 A: 姜さんが遅いですね。
　　강 씨가 늦는군요.
　B: そうですね。残業があるかもしれません。
　　그렇군요. 야근이 있는지도 모르겠습니다.

2 A: 山田さんが嬉しそうですね。
　　야마다 씨가 즐거워하는 것 같아요.
　B: そうですね。デートがあるかもしれません。
　　그렇군요. 데이트가 있는지도 모르겠습니다.

3 A: 田中さんが寂しそうですね。
　　다나카 씨가 외로워하는 것 같아요.
　B: そうですね。失恋したかもしれません。
　　그렇군요. 실연했는지도 모르겠습니다.

4 A: ナさんが悲しそうですね。
　　나 씨가 슬퍼하는 것 같아요.
　B: そうですね。試験に落ちたかもしれません。
　　그렇군요. 시험에 떨어졌는지도 모르겠습니다.

Ⅱ

1 A: 先生はどんな料理が好きでしょうか。
　　선생님은 어떤 요리를 좋아할까요?
　B: そうですね。たぶん日本料理が好きでしょう。
　　글쎄요. 아마 일본 요리를 좋아할 거예요.

2 A: 中村さんはパーティーに来るでしょうか。
　　나카무라 씨는 파티에 올까요?
　B: そうですね。たぶん来ないでしょう。
　　글쎄요. 아마 오지 않을 거예요.

3 A: 今年の試験は難しいでしょうか。
　　올해 시험은 어려울까요?
　B: そうですね。たぶんかなり難しいでしょう。
　　글쎄요. 아마 꽤 어려울 거예요.

4 A: 今頃、日本に着いたでしょうか。
　　지금쯤 일본에 도착했을까요?
　B: そうですね。たぶんもう着いたでしょう。
　　글쎄요. 아마 이미 도착했을 거예요.

5 A: あの人は誰でしょうか。
　　저 사람은 누구일까요?
　B: そうですね。たぶん姜さんの友達でしょう。
　　글쎄요. 아마 강 씨 친구일 거예요.

Ⅲ

1 A: 彼女は今年就職するでしょう。
　　그녀는 올해 취직하겠지요?
　B: いいえ、彼女が今年就職するはずがないです。
　　아니요, 그녀가 올해 취직할 리가 없습니다.

2 A: 山田さんはナさんと結婚するでしょう。
　　야마다 씨는 나 씨와 결혼하겠지요?
　B: いいえ、山田さんがナさんと結婚するはずがないです。
　　아니요, 야마다 씨가 나 씨와 결혼할 리가 없습니다.

3 A: 今、山田さんはお酒を飲んでいるでしょう。
　　지금 야마다 씨는 술을 마시고 있겠지요?
　B: いいえ、山田さんがお酒を飲んでいるはずがないです。
　　아니요, 야마다 씨가 술을 마시고 있을 리가 없습니다.

4 A: 金さんは来年会社を辞めるでしょう。
　　김 씨는 내년에 회사를 그만두겠지요?
　B: いいえ、金さんが来年会社を辞めるはずがないです。
　　아니요, 김 씨가 내년에 회사를 그만둘 리가 없습니다.

5 A: あの映画は面白いでしょう。
　　저 영화는 재미있겠죠?
　B: いいえ、あの映画が面白いはずがないです。
　　아니요, 저 영화가 재미있을 리가 없습니다.

EXERCISE

1 先生は大変喜ぶでしょう。
2 今頃友達とお酒を飲んでいるでしょう。
3 明日は休みだから暇でしょう。
4 会議に少し遅れるかもしれません。
5 彼女が知らないはずがないです。

うきうき
우키우키 일본어

더욱 새로워진 단계별 종합 일본어 학습 프로그램

NEW うきうき
우 키 우 키
일본어 STEP 3

강경자 지음·온즈카 치요 감수

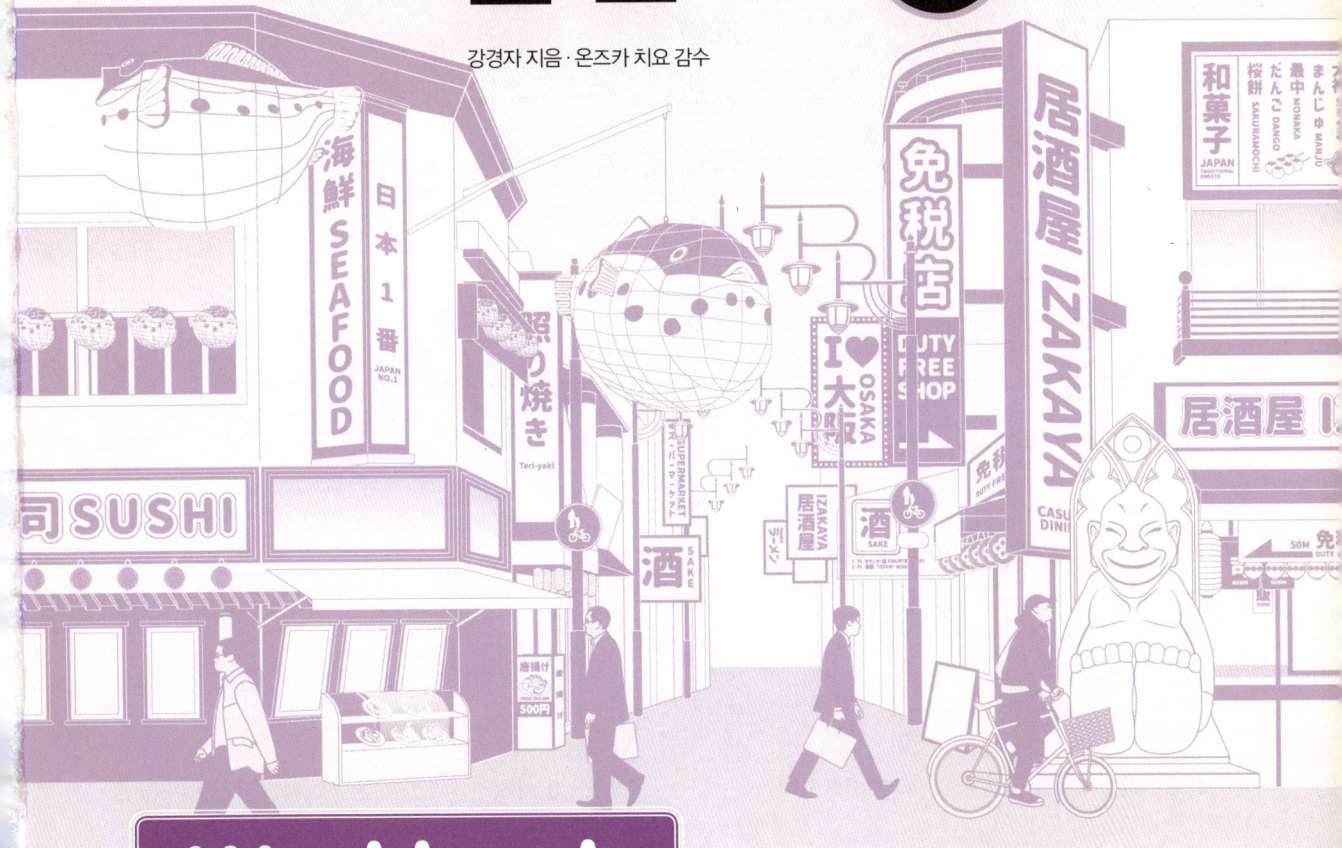

Workbook

넥서스 JAPANESE

ちょっとスマホを借りてもいいですか。
잠깐 스마트폰을 빌려도 될까요?

Step 1　필수 단어 익히기

일본어	한국어	일본어	한국어
借りる	빌리다	中古車	중고차
飲み屋	술집	危ない	위험하다
落とす	떨어뜨리다	値段	가격
紛失	분실	落す	떨어뜨리다, 잃어버리다
最新型	최신형	成績	성적
性能	성능	教室	교실
申し込む	신청하다	休む	쉬다
予約	예약	写真を撮る	사진을 찍다
交通	교통	授業中	수업 중
開ける	열다	キャンセルする	취소하다

제시된 단어를 예와 같이 일본어로 써 보세요.

예약　予約

1　빌리다　　　　2　위험하다　　　　3　가격

4　성적　　　　　5　사진을 찍다　　　6　교통

Step 2 핵심 문법 복습하기

1. ～てもいいです   해도 좋습니다 〈허가〉

2. ～てはいけません 해서는 안 됩니다 〈금지〉
   ～てはだめです

✎ 빈칸에 알맞은 말을 넣어 보세요.

1 予約をキャンセル _____。
   (해도 됩니다)

2 部屋は _____ いいです
   (좁아도)

3 交通は少し _____ いいです。
   (불편해도)

4 危ない所に _____。
   (가면 안 됩니다)

5 駅が _____ いけません。
   (멀면 (멀어서는))

Step 3 회화 연습하기

✏️ 빈칸에 알맞은 말을 넣어 보세요.

I

1. A 教室でお酒を飲んでもいいですか。
   B いいえ、教室で _____。
   　　　　　　　　　　　　　술을 마시면 안 됩니다

2. A 2〜3日会社を休んでもいいですか。
   B いいえ、2〜3日 _____。
   　　　　　　　　　　　회사를 쉬면 안 됩니다

3. A 全部食べてもいいですか。
   B いいえ、全部 _____。
   　　　　　　　　　먹으면 안 됩니다

4. A ここで写真を撮ってもいいですか。
   B いいえ、ここで _____。
   　　　　　　　　　　사진을 찍으면 안 됩니다

5. A 授業中、韓国語で話してもいいですか。
   B いいえ、授業中 _____。
   　　　　　　　　　　한국어로 이야기하면 안 됩니다

II

1. A _____
   　　놀러 가도 됩니까?
   B はい、いいですよ。/ いいえ、いけません。

2. A _____
   　　문을 열어도 됩니까?
   B はい、いいですよ。/ いいえ、いけません。

3. A _____
   　　디자인이 오래된 것이어도 괜찮습니까?
   B はい、いいですよ。/ いいえ、いけません。

4. A _____
   　　일본어를 잘 못해도 됩니까?
   B はい、いいですよ。/ いいえ、いけません。

5. A _____
   　　싼 선물이라도 괜찮습니까?
   B はい、いいですよ。/ いいえ、いけません。

LESSON 02 キャンプに行ったりドライブしたりします。
캠핑을 가거나 드라이브를 하거나 합니다.

Step 1 필수 단어 익히기

일본어	뜻	일본어	뜻
元気(げんき)	기운, 힘, 건강	買(か)い物(もの)をする	쇼핑하다, 물건을 사다
ストレス	스트레스	授業(じゅぎょう)	수업
解消法(かいしょうほう)	해소법	静(しず)かだ	조용하다
キャンプ	캠핑	賑(にぎ)やかだ	번화하다
ドライブ	드라이브	公園(こうえん)	공원
泣(な)く	울다	散歩(さんぽ)	산책
笑(わら)う	웃다	喫茶店(きっさてん)	찻집
支払(しはら)い	지불	郵便局(ゆうびんきょく)	우체국
現金(げんきん)	현금	小包(こづつみ)	소포
朝食(ちょうしょく)	아침식사	お弁当(べんとう)	도시락

 제시된 단어를 예와 같이 일본어로 써 보세요.

예) 기운, 건강 元気(げんき)

1 수업 2 공원 3 소포

4 우체국 5 지불 6 아침식사

Step 2 핵심 문법 복습하기

❶ ～たり …たりする ～하거나 …하거나 하다

※ 각 품사의 과거형

동사	Ⅰ그룹 동사 (5단 동사)	Ⅱ그룹 동사 (상하 1단 동사)	Ⅲ그룹 동사 (불규칙 동사)
	く → いた / ぐ → いだ (예외 行く → 行った) う, つ, る → った ぬ, ぶ, む → んだ す → した	어간 + た	来る → 来た する → した
い형용사	어간 + かった		
な형용사	어간 + だった		
명사	명사 + だった		

✏️ **빈칸에 알맞은 말을 넣어 보세요.**

1 教室の前を _____ します。
　　　　　　 왔다가 갔다가 (왔다 갔다)

2 歌を _____ します。
　　　 부르거나 춤을 추거나

3 雰囲気は _____ します。
　　　　　 좋았다가 나빴다가

4 バスは _____ します。
　　　　 편리했다가 불편했다가 (편리할 때도 있고 불편할 때도 있고)

5 支払いは _____ します。
　　　　　 현금이거나 카드이거나

Step 3 회화 연습하기

✏️ 빈칸에 알맞은 말을 넣어 보세요.

I A 暇な時、何をしますか。

1 B ＿＿＿＿＿＿＿＿＿＿＿＿＿＿＿＿＿＿＿＿
인터넷을 하거나 게임을 하거나 합니다.

2 B ＿＿＿＿＿＿＿＿＿＿＿＿＿＿＿＿＿＿＿＿
책을 읽거나 음악을 듣거나 합니다.

3 B ＿＿＿＿＿＿＿＿＿＿＿＿＿＿＿＿＿＿＿＿
텔레비전을 보거나 빈둥거리거나 합니다.

4 B ＿＿＿＿＿＿＿＿＿＿＿＿＿＿＿＿＿＿＿＿
쇼핑을 하거나 요리를 만들거나 합니다.

II 1 A 日本語の授業はどうですか。

B ＿＿＿＿＿＿＿＿＿＿＿＿＿＿＿＿＿＿＿＿
쉽기도 하고 어렵기도 합니다.

2 A 成績はどうですか。

B ＿＿＿＿＿＿＿＿＿＿＿＿＿＿＿＿＿＿＿＿
좋았다가 나빴다가 합니다.

3 A クラスの雰囲気はどうですか。

B ＿＿＿＿＿＿＿＿＿＿＿＿＿＿＿＿＿＿＿＿
조용하기도 하고 시끄럽기도 합니다.

III 1 A 公園では何をしますか。

B ＿＿＿＿＿＿＿＿＿＿＿＿＿＿＿＿＿＿＿＿
산책하기도 하고 데이트를 하기도 합니다.

2 A カラオケでは何をしますか。

B ＿＿＿＿＿＿＿＿＿＿＿＿＿＿＿＿＿＿＿＿
노래를 부르기도 하고 춤을 추기도 합니다.

3 A 喫茶店では何をしますか。

B ＿＿＿＿＿＿＿＿＿＿＿＿＿＿＿＿＿＿＿＿
커피를 마시기도 하고 친구를 만나기도 합니다.

LESSON 03 土曜日にも残業をしなければなりません。
토요일에도 잔업을 해야 합니다.

Step 1 필수 단어 익히기

일본어	한국어	일본어	한국어
引越し	이사	試験	시험
祝い	축하	規則	규칙
招待する	초대하다	着る	입다
忙しい	바쁘다	報告書	보고서
残業	잔업, 야근	毎年	매년
残念だ	안타깝다, 아쉽다	研修	연수
働く	일하다	履歴書	이력서
心配する	걱정하다	出す	제출하다
週末	주말	閉める	닫다
人気	인기	連絡	연락

제시된 단어를 예와 같이 일본어로 써 보세요.

예

인기 人気

1 연수

2 보고서

3 규칙

4 주말

5 이사

6 연락

Step 2 핵심 문법 복습하기

❶ **～なければならない** ～하지 않으면 안 된다, 해야만 한다

❷ **～なくてもいい** ～하지 않아도 된다

❸ **～のに** ～인데도, ～한데도 〈역접〉

동사	る / ている / た	+のに
い형용사	い / かった	
な형용사	な / だった	
명사	な / だった	

✏️ 빈칸에 알맞은 말을 넣어 보세요.

1 漢字(かんじ)を _____。
   외워야 합니다

2 _____。
   재미있어야 합니다

3 新鮮(しんせん) _____。
   해야 합니다

4 そんなに 心配(しんぱい) _____。
   안 해도 됩니다

5 _____ いいです。
   오늘이 아니어도

Step 3　회화 연습하기

✏️ 빈칸에 알맞은 말을 넣어 보세요.

Ⅰ

1. A あなたの会社にはどんな規則がありますか。
   B _____
   우리 회사는 토요일에도 근무를 해야만 합니다.

2. A あなたの会社にはどんな規則がありますか。
   B _____
   우리 회사는 매주 보고서를 써야만 합니다.

3. A あなたの会社にはどんな規則がありますか。
   B _____
   우리 회사는 매년 연수를 가야 합니다.

4. A 朝早く起きなければなりませんか。
   B はい、_____
   　　　　　　일어나야 합니다.

5. A 毎日運動しなければなりませんか。
   B いいえ、_____
   　　　　　　매일 운동하지 않아도 됩니다.

Ⅱ

1. A 日本語で話さなくてもいいですか。
   B いいえ、_____。
   　　　　　　일본어로 말해야 합니다

2. A 履歴書を出さなくてもいいですか。
   B いいえ、_____。
   　　　　　　이력서는 제출해야 합니다

3. A ドアを閉めなくてもいいですか。
   B いいえ、_____。
   　　　　　　문은 닫아야 합니다

4. A 予約をしなくてもいいですか。
   B いいえ、_____。
   　　　　　　예약은 해야 합니다

5. A 会社に連絡しなくてもいいですか。
   B いいえ、_____。
   　　　　　　회사에 연락해야 합니다

LESSON 04 まっすぐ行くと消防署があります。

곧장 가면 소방서가 있어요.

Step 1 필수 단어 익히기

大使館	대사관	押す	누르다, 밀다
知る	알다	消える	꺼지다, 사라지다
近く	근처	足す	더하다
出口	출구	運動	운동
出る	나가다	太る	뚱뚱해지다, 살찌다
消防署	소방서	練習	연습
地理	지리	書類	서류
明るい	밝다	疲れる	지치다, 피곤하다
趣味	취미	熱	열
役に立つ	도움이 되다	旅行	여행

제시된 단어를 예와 같이 일본어로 써 보세요.

예) 여행 旅行

1 연습

2 서류

3 대사관

4 누르다, 밀다

5 취미

6 운동

Step 2 핵심 문법 복습하기

❶ 가정 표현 ~(하)면

동사의 어미 え단	+ ば	~(하)면
い형용사의 어간, い로 끝나는 조동사의 어간	+ ければ	~(하)면
동사의 기본형	+ と	~(하)면
동사의 ない형	+ と	~(하)지 않으면

❷ ～ので ~이므로 〈순접·이유〉

동사	る / ている / た	+ ので
い형용사	い / かった	
な형용사	な / だった	
명사	な / だった	

✏️ 빈칸에 알맞은 말을 넣어 보세요.

1 _____ 行きません。
   (만약) 비가 오면

2 _____ ハイキングに行きます。
   날씨가 좋으면

3 _____ 何でも食べてもいいです。
   먹고 싶으면

4 このスイッチを _____ 電気が消えます。
   누르면

5 _____ 太ります。
   운동하지 않으면

Step 3 회화 연습하기

✏️ 빈칸에 알맞은 말을 넣어 보세요.

I 가정 표현「〜ば」를 활용하여 문장을 완성해 보세요.

1. _____ 私も行きます。
   당신이 가면

2. _____ 日本に行きたいです。
   기회가 있으면

3. _____ 家にいます。
   비가 오면

4. _____ 遊びに行きます。
   날씨가 좋으면

5. _____ 行かなくてもいいです。
   시간이 없으면

II 가정 표현「〜と」를 활용하여 문장을 완성해 보세요.

1. _____ ドアが開きます。
   버튼을 누르면

2. _____ 切符が出ます。
   돈을 넣으면

3. _____ 3になります。
   1에 2를 더하면

4. _____ 駅があります。
   이 길을 똑바로 가면

5. _____ やせます。
   아무것도 먹지 않으면

LESSON 05 早く病院に行ったらどうですか。
빨리 병원에 가는 게 어때요?

Step 1 필수 단어 익히기

顔色	안색	確認する	확인하다
病院	병원	重要だ	중요하다
事務室	사무실	立場	입장
暇だ	한가하다	旅行	여행
心配だ	걱정되다	お土産	선물
申し込む	신청하다	遊園地	유원지
終わる	끝나다	内容	내용
着く	도착하다	質問	질문
弁償	변상, 보상	眠い	졸리다
不安だ	불안하다	お寺	절

제시된 단어를 예와 같이 일본어로 써 보세요.

예 신청하다

1 안색 2 질문 3 내용

4 여행 5 졸리다 6 변상

Step 2 핵심 문법 복습하기

① なら ~라면 〈가정(조건) 표현〉

동사	기본형	
い형용사	기본형	+なら
な형용사	어간	
명사	명사	

② ~たら ~하면 〈가정 표현〉

동사	과거형 た	
い형용사	과거형 かった	+ら
な형용사	과거형 だった	
명사	명사 + だった	

③ ~たら どうですか ~하는 것이 어때요? 〈제안, 권유〉

✎ **빈칸에 알맞은 말을 넣어 보세요.**

1 日本料理を食べる _____ おすしがいいですね。
   　　　　　　　　　　　라면

2 日本語 _____ 自信あります。
   　　　　라면

3 家に _____、電話してください。
   　　　도착하면

4 _____ 確認してみてください。
   　불안하면

5 少し _____。
   　　　쉬는 것이 어때요?

Step 3 회화 연습하기

✏️ 빈칸에 알맞은 말을 넣어 보세요.

Ⅰ 1 A 韓国のお土産を買いたいんですが…。
   B _____ のりがいいですよ。
   　　한국 특산품(선물)을 사는 거라면

2 A ソウルの夜景を見たいんですが…。
   B _____ 南山がいいですよ。
   　　서울 야경을 보는 거라면

3 A もうすぐ仕事が終わります。
   B _____ 電話してください。
   　　업무가 끝나면

4 A 試験も終わって暇です。
   B _____ 手伝ってください。
   　　한가하면

5 A とても重要な話しです。
   B _____ 後で話してください。
   　　중요한 이야기라면

Ⅱ 1 A コンピューターを買いたいんですが…。
   B _____。
   　　컴퓨터를 사고 싶다면 용산에 가는 게 어떨까요?

2 A のんびりしたいんですが…。
   B _____。
   　　여유롭게 쉬고 싶다면 온천에 가는 게 어떨까요?

3 A 海に行きたいんですが…。
   B _____。
   　　바다에 가고 싶다면 부산에 가는 게 어떨까요?

4 A 山に行きたいんですが…。
   B _____。
   　　산에 가고 싶다면 지리산에 가는 게 어떨까요?

5 A ダイエットしたいんですが…。
   B _____。
   　　다이어트하고 싶다면 매일 운동하는 게 어떨까요?

LESSON 06 山田さんはいつまで韓国にいる予定ですか。

야마다 씨는 언제까지 한국에 있을 예정입니까?

필수 단어 익히기

予定(よてい)	예정	出発(しゅっぱつ)	출발
生活(せいかつ)	생활	入る(はいる)	들어가다
留学(りゅうがく)	유학	一生懸命(いっしょうけんめい)	열심히
能力(のうりょく)	능력	貯金(ちょきん)	저금
試験(しけん)	시험	健康(けんこう)	건강
大学院(だいがくいん)	대학원	発表(はっぴょう)	발표
進学(しんがく)	진학	資料(しりょう)	자료
会議(かいぎ)	회의	集める(あつめる)	모으다
飛行機(ひこうき)	비행기	連休(れんきゅう)	연휴
到着(とうちゃく)	도착	卒業(そつぎょう)	졸업

 제시된 단어를 예와 같이 일본어로 써 보세요.

예) 시험 試験(しけん)

1 자료　　　　2 졸업　　　　3 건강

4 출발　　　　5 진학　　　　6 모으다

Step 2 핵심 문법 복습하기

① 의지, 계획, 예정 표현

동사의 기본형	＋つもりだ	~할 생각(작정)이다
동사의 ない형	＋つもりだ	~하지 않을 생각이다
동사의 기본형	＋予定(よてい)だ	~할 예정이다
동사의 의지형	＋と思(おも)っている	~하려고 하다

② 동사의 의지형

Ⅰ그룹 동사 (5단 동사)	어미 う단 → お단 ＋ う
Ⅱ그룹 동사 (상하 1단 동사)	어간 ＋ よう
Ⅲ그룹 동사 (불규칙 동사)	来(く)る ➡ 来(こ)よう / する ➡ しよう

③ 목적 표현

동사의 기본형 ＋ ために   ~하기 위해서

✏️ **빈칸에 알맞은 말을 넣어 보세요.**

1 来年(らいねん)、留学(りゅうがく)に ＿＿＿＿＿＿＿＿ です。
　　　　　　　　　　　갈 생각

2 もう二度(にど)と ＿＿＿＿＿＿＿＿＿＿ です。
　　　　　　　　가지 않을 생각

3 ＿＿＿＿＿＿＿＿＿＿＿＿ と思(おも)っています。
　　담배를 끊어야지

4 大学(だいがく)に入(はい)る ＿＿＿＿＿＿、一生懸命勉強(いっしょうけんめいべんきょう)します。
　　　　　　　　　　　위해서

5 健康(けんこう) ＿＿＿＿＿＿＿＿、運動(うんどう)しています。
　　　　　　을 위해서

Step 3 회화 연습하기

✏️ 빈칸에 알맞은 말을 넣어 보세요.

Ⅰ

1 A 今週末、何をするつもりですか。
B そうですね。＿＿＿＿＿＿＿＿＿＿ つもりです。
　　　　　　　집에서 쉴

2 A 連休、何をするつもりですか。
B そうですね。＿＿＿＿＿＿＿＿＿＿ つもりです。
　　　　　　　여행을 갈

3 A 夏休み、何をするつもりですか。
B そうですね。＿＿＿＿＿＿＿＿＿＿ つもりです。
　　　　　　　아르바이트를 할

4 A 授業が終わってから何をするつもりですか。
B そうですね。＿＿＿＿＿＿＿＿＿＿ つもりです。
　　　　　　　차를 마시러 갈

5 A いつ結婚するつもりですか。
B ＿＿＿＿＿＿＿＿＿＿＿＿＿と思っています。
　　내년에 결혼하려고

6 A いつ引越すつもりですか。
B ＿＿＿＿＿＿＿＿＿＿＿＿＿と思っています。
　　다다음달에 이사하려고

Ⅱ A 何のために日本語を勉強しているんですか。

1 B ＿＿＿＿＿＿＿＿＿＿＿＿日本語を勉強しています。
　　일본에 여행 가기 위해

2 B ＿＿＿＿＿＿＿＿＿＿＿＿日本語を勉強しています。
　　네이티브와 일본어로 말하기 위해

3 B ＿＿＿＿＿＿＿＿＿＿＿＿日本語を勉強しています。
　　일본에 유학 가기 위해

4 B ＿＿＿＿＿＿＿＿＿＿＿＿日本語を勉強しています。
　　취직하기 위해

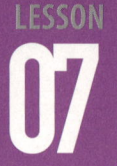

LESSON 07 今にも雨が降り出しそうですね。
금방이라도 비가 내릴 것 같네요.

Step 1 필수 단어 익히기

曇る	흐리다	選手	선수
降り出す	내리기 시작하다	丈夫だ	튼튼하다
天気予報	일기예보	簡単だ	간단하다
梅雨	장마	説明	설명
始まる	시작되다	提出	제출
本格的	본격적	急ぐ	서두르다
合格	합격	物価	물가
感動的	감동적	流行る	유행하다
学生時代	학창시절	不景気	불경기
野球	야구	続く	계속되다, 이어지다

제시된 단어를 예와 같이 일본어로 써 보세요.

예 시작되다 始まる

1 물가   2 불경기   3 제출

4 일기예보   5 합격   6 간단하다

Step 2 핵심 문법 복습하기

❶ ~そうだ

+そうだ ~라고 하다 〈전문〉		+そうだ ~(한) 것 같다 〈양태, 추측〉	
동사	る / ている / た	동사	동사의 ます형
い형용사	い / かった	い형용사	어간
な형용사	だ / だった	な형용사	어간
명사	だ / だった	예외	ない → なさそうだ よい → よさそうだ

※ 수식형 : そうな + 명사 / そうに + 동사

❷ 복합어 : 동사의 ます형 + 접미어

동사의 ます형	+やすい	~하기 쉽다
	+にくい	~하기 어렵다
	+すぎる	지나치게 ~하다

✏️ 빈칸에 알맞은 말을 넣어 보세요.

1 彼は明日来る _____ 。
　　　　　　　　　　라고 합니다

2 試験はとても _____ 。
　　　　　　　　　쉬웠다고 합니다

3 _____ そうです。
　　비가 올 것

4 _____ ラーメンですね。
　　맛있어 보이는

5 この料理は簡単で _____ です。
　　　　　　　　　　　만들기 쉽다

6 毎日規則的に運動する _____ 。
　　　　　　　　　　　　　　　　하도록

Step 3　회화 연습하기

✏️ 빈칸에 알맞은 말을 넣어 보세요.

Ⅰ

1　A Bさん、知っていますか。
　　B え、何ですか。
　　A 天気予報によると _____。
　　　　　　　　　　　　내일은 비가 온다고 합니다

2　A Bさん、知っていますか。
　　B え、何ですか。
　　A 新聞によると _____。
　　　　　　　　　　물가가 오른다고 합니다

3　A Bさん、知っていますか。
　　B え、何ですか。
　　A 雑誌によると _____。
　　　　　　　　　　올해는 이 패션이 유행한다고 합니다

4　A Bさん、知っていますか。
　　B え、何ですか。
　　A ニュースによると _____。
　　　　　　　　　　　내년에도 불경기가 계속된다고 합니다

Ⅱ

1　_____
　　셔츠 단추가 떨어질 것 같아요.

2　_____
　　김치가 정말 매울 것 같아요.

3　_____
　　집이 쓰러질 것 같아요.

4　_____
　　케이크가 맛있을 것 같아요(케이크가 맛있어 보여요).

LESSON 08 山田さんはたぶん長生きするでしょう。
야마다 씨는 아마 오래 살 거예요.

 Step 1 필수 단어 익히기

男性(だんせい)	남성		お見合い(みあい)	맞선
癌(がん)	암		嬉しい(うれしい)	기쁘다
保険(ほけん)	보험		寂しい(さびしい)	쓸쓸하다, 외롭다
加入(かにゅう)	가입		失恋(しつれん)	실연
お酒(さけ)	술		悲しい(かなしい)	슬프다
長生きする(ながいきする)	장수하다		就職(しゅうしょく)	취직
遊ぶ(あそぶ)	놀다		喜ぶ(よろこぶ)	기뻐하다
図書館(としょかん)	도서관		遅れる(おくれる)	늦다
多分(たぶん)	아마		恋人(こいびと)	애인
晴れ(はれ)	맑음		大変(たいへん)	매우

✏️ 제시된 단어를 예와 같이 일본어로 써 보세요.

예 맞선 お見合い(みあい)

1 기뻐하다 2 보험 3 가입

4 남성 5 도서관 6 슬프다

Step 2 핵심 문법 복습하기

❶ ～かもしれない (～かもしれません) ~일지도 모른다 (~일지도 모릅니다)

～だろう (～でしょう) ~이겠지 (~이겠지요)

동사	る / ている / た	+ かもしれない
い형용사	い / かった	だろう
な형용사	어간 + だった	
명사	명사 + だった	

❷ ～はずだ ~일 것이다 〈강한 추측〉

～はずがない ~일 리가 없다

동사	る / ている / た	+ はずだ
い형용사	い / かった	
な형용사	な / 어간 + だった	
명사	の / 명사 + だった	

✏️ 빈칸에 알맞은 말을 넣어 보세요.

1 来年(らいねん)結婚(けっこん)する _____。
　　　　　　　　　　　　　지도 모릅니다

2 ちょっと _____。
　　　　　　불편할지도 모르겠어요

3 多分(たぶん)とても _____。
　　　　　　　　　　바쁘겠지요 (바쁠 거예요)

4 金(キム)さんは山田(やまだ)さんの電話番号(でんわばんごう)を _____。
　　　　　　　　　　　　　　　　　　　　　(분명히) 알고 있을 거예요 (강한 추측)

5 教室(きょうしつ)にまだ学生(がくせい)たちが _____。
　　　　　　　　　　　　　　　　있을 리가 없어요

Step 3 회화 연습하기

✏️ 빈칸에 알맞은 말을 넣어 보세요.

I

1. A 山田さんがうれしそうですね。
   B そうですね。_____(데이트가 있는)かもしれません。

2. A 田中さんが寂しそうですね。
   B そうですね。_____(실연했는)かもしれません。

3. A ナさんが悲しそうですね。
   B そうですね。_____(시험에 떨어졌는)かもしれません。

4. A 今頃日本に着いたでしょうか。
   B そうですね。多分_____(이미 도착했을 거예요)。

5. A あの人は誰でしょうか。
   B そうですね。多分姜さんの_____(친구일 거예요)。

II

1. A 彼女は今年就職するでしょう。
   B いいえ、彼女が今年_____(취직할 리가 없습니다)。

2. A 山田さんはナさんと結婚するでしょう。
   B いいえ、山田さんがナさんと_____(결혼할 리가 없습니다)。

3. A 今、山田さんはお酒を飲んでいるでしょう。
   B いいえ、山田さんが_____(술을 마시고 있을 리가 없습니다)。

4. A 金さんは来年会社を辞めるでしょう。
   B いいえ、金さんが来年_____(회사를 그만둘 리가 없습니다)。

5. A あの映画はおもしろいでしょう。
   B いいえ、あの映画が_____(재미있을 리가 없습니다)。

정답

Lesson 01

step 1

1 借りる 2 危ない 3 値段
4 成績 5 写真を撮る 6 交通

step 2

1 してもいいです   2 狭くても
3 不便でも   4 行ってはいけません
5 遠くては

step 3

I
1 お酒を飲んではいけません
2 会社を休んではいけません
3 食べてはいけません
4 写真を撮ってはいけません
5 韓国語で話してはいけません

II
1 遊びに行ってもいいですか。
2 ドアを開けてもいいですか。
3 デザインが古くてもいいですか。
4 日本語が でもいいですか。
5 安いプレゼントでもいいですか。

Lesson 02

step 1

1 授業 2 公園 3 小包
4 郵便局 5 支払い 6 朝食

step 2

1 行ったり来たり
2 歌ったり踊ったり
3 良かったり悪かったり
4 便利だったり不便だったり
5 現金だったりカードだったり

step 3

I
1 インターネットをしたりゲームをしたりします。
2 本を読んだり音楽を聞いたりします。
3 テレビを見たりごろごろしたりします。
4 買い物をしたり料理を作ったりします。

II
1 易しかったり難しかったりします。
2 良かったり悪かったりします。
3 静かだったり賑やかだったりします。

III
1 散歩したりデートをしたりします。
2 歌を歌ったり踊ったりします。
3 コーヒーを飲んだり友達に会ったりします。

Lesson 03

step 1

1 研修 2 報告書 3 規則
4 週末 5 引越し 6 連絡

step 2

1 覚えなければなりません
2 面白くなければなりません
3 でなければなりません
4 しなくてもいいです
5 今日でなくても

step 3

I
1. 私の会社は、土曜日にも仕事をしなければなりません。
2. 私の会社は、毎週報告書を書かなければなりません。
3. 私の会社は、毎年研修に行かなければなりません。
4. 朝早く起きなければなりません。
5. 毎日運動しなくてもいいです。

II
1. 日本語で話さなければなりません
2. 履歴書は出さなければなりません
3. ドアは閉めなければなりません
4. 予約はしなければなりません
5. 会社に連絡しなければなりません

Lesson 04

step 1
1. 練習
2. 書類
3. 大使館
4. 押す
5. 趣味
6. 運動

step 2
1. 雨が降れば
2. 天気が良ければ
3. 食べたければ
4. 押すと
5. 運動しないと

step 3

I
1. あなたが行けば
2. 機会があれば
3. 雨が降れば
4. 天気が良ければ
5. 時間がなければ

II
1. ボタンを押すと
2. お金を入れると
3. 1に2を足すと
4. この道をまっすぐ行くと
5. 何も食べないと

Lesson 05

step 1
1. 顔色
2. 質問
3. 内容
4. 旅行
5. 眠い
6. 弁償

step 2
1. なら
2. なら
3. 着いたら
4. 不安だったら
5. 休んだらどうですか

step 3

I
1. 韓国のお土産を買うなら
2. ソウルの夜景を見るなら
3. 仕事が終わったら
4. 暇だったら
5. 重要な話だったら

II
1. コンピューターを買いたいなら竜山に行ったらどうですか。
2. のんびりしたいなら温泉に行ったらどうですか。
3. 海に行きたいなら釜山に行ったらどうですか。
4. 山に行きたいなら智異山に行ったらどうですか。
5. ダイエットしたいなら毎日運動したらどうですか。

Lesson 06

step 1
1 資料　2 卒業　3 健康
4 出発　5 進学　6 集める

step 2
1 行くつもり　2 行かないつもり
3 タバコをやめよう　4 ために
5 のために

step 3
I
1 家で休む
2 旅行に行く
3 アルバイトをする
4 お茶を飲みに行く
5 来年結婚しよう
6 再来月引越そう

II
1 日本へ旅行に行くために
2 ネイティブと日本語で話すために
3 日本へ留学に行くために
4 就職のために(就職するために)

Lesson 07

step 1
1 物価　2 不景気　3 提出
4 天気予報　5 合格　6 簡単だ

step 2
1 そうです　2 易しかったそうです
3 雨が降り　4 おいしそうな
5 作りやすい　6 ように

step 3
I
1 明日は雨だそうです
2 物価が上がるそうです
3 今年はこのファッションが流行るそうです
4 来年も不景気が続くそうです

II
1 シャツのボタンが取れそうですよ。
2 キムチが本当に辛そうですよ。
3 家が倒れそうですよ。
4 ケーキがおいしそうですよ。

Lesson 08

step 1
1 喜ぶ　2 保険　3 加入
4 男性　5 図書館　6 悲しい

step 2
1 かもしれません
2 不便かもしれません
3 忙しいでしょう
4 知っているはずです
5 いるはずがないです

step 3
I
1 デートがある
2 失恋した
3 試験に落ちた
4 もう着いたでしょう
5 友達でしょう

II
1 就職するはずがないです
2 結婚するはずがないです
3 お酒を飲んでいるはずがないです
4 会社を辞めるはずがないです
5 おもしろいはずがないです

Memo

Memo

Memo

うきうき 일본어
우키우키